JN116432

ヤバい仕組み化

年商49億円、14期連続増収増益を実現!

株式会社プリマベーラ
経営サポート事業部社長執行役
松田幸之助 著

株式会社プリマベーラ取締役会長
吉川充秀 編著

はじめに

吉川充秀（よしかわみつひで）

私は今、豪華客船に乗ってこの原稿を書いています。

「え、経営者なのに、豪華客船で旅行ってそんなヒマあるの？」と思われるかもしれません。私は、25年間経営を続けて、49歳のときに代表取締役を新社長の新井英雄（あらいひでお）に譲り、セミリタイアをしました。

「あなた、まだ若いのに、よく8日間も休みが取れたわね？」

豪華客船のビュッフェの席で隣に座った老夫婦が興味津々で聞いてきます。

「吉川さんがうらやましい。その歳でセミリタイア？　自分なんか子どもがまだ小さいから、60歳までは最低でも頑張らないとだなあ」

仲間の経営者と話をすると、よく聞く声です。私もまだ下の子どもは7歳ですが（苦笑）。

では、なぜ私は会社をセミリタイアして、70歳の人の老後生活のようなことを50歳で送れるようになったのでしょうか？　それは、**私の経営ノウハウを全て「仕組み」にしてきたから**です。

よく「経営のトップマネジメントまでは仕組みにできない」と言われます。確かに誰にでも、従業員数４００名、年商49億円企業のトップが務まるわけではないでしょう。しかし、ある程度の素養があれば引き継ぐことができる。私は新井英雄と出会い、彼と一緒に仕事をしていく中で、「彼ならプリマベーラの仕組み化経営を回すことができる」と確信し、私が48歳のときに社長執行役を任せ、翌年彼を代表取締役社長にし、さらにその翌年には、私が代表取締役を降りて、めでたく経営のバトンタッチをしました。

私が現役社長時代は、自他ともに認めるカリスマ社長でした。

私を知る社長の多くは、私の仕事ぶりと徹底度合いを見て私のことを「変態」と呼び、まれに「天才」と称してくれました。しかし**私が目指したのは、カリスマ経営よりも、働く従業員さん一人一人が輝く全員経営です。**「吉川さんというカリスマ社長が抜けたら、会社の業績はガタガタになるのでは?」という周囲の予想を覆し、新井英雄新社長就任後も2期連続で増収増益を果たし、**2010年以来、14期連続増収増益記録を更新し続けています。**では、いなくなった**カリスマの穴を埋めたもの**は何だったのか? それを私は虎視眈々と準備してきました。それが、他ならぬ**「仕組み化」**です。**属人的なカリスマ経営よりも、誰もが同じような成果を再現できる仕組み化経営を創り上げてから代表を退任した**わけです。

二代目の新井にバトンタッチができたのは、**会社の全ての業務プロセスを仕組み化してきたこと**と、**私が全てのノウハウを出し惜しみせずに、彼に教えたこと。**この二つが必要不可欠でした。

社長をバトンタッチしても14期連続で増収増益！

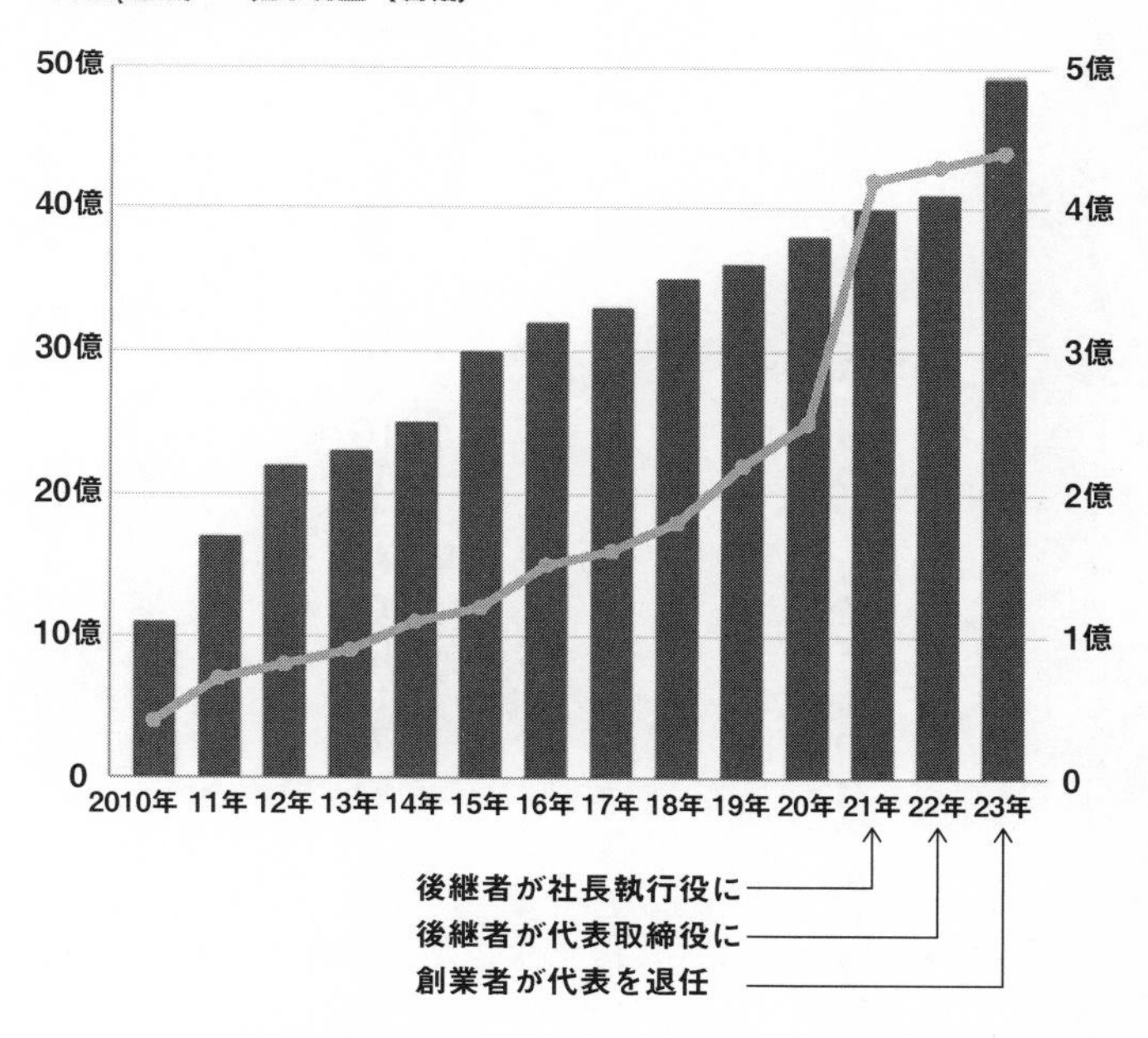

トップマネジメントも仕組み化できる！

本書では、自称「仕組み化オタク」の私が２００８年から15年間にわたり、社長として毎月４００時間働きながら積み上げた仕組みのうち、根幹の部分を中心に、皆さんに公開しています。私はゼロイチタイプではありません。全く新しい仕組みをつくりあげるよりも、他の会社がうまくいっている仕組みを取り入れて、それを1から2、2から3……と、**仕組みを磨き続けて10や１００にしていく**のが得意です。

そして、**シンプルに物事を考える**のもまた私の得意分野です。複雑なものを単純化して、現場で働く、元ニートや引きこもりのアルバイトさんでもわかるような仕組みにします。

さらに、**仕組み化を進めるなかで、もっともこだわったのが、成果を出すこと**です。常に仕組み化のベースにあるのは、「成果が出るのか」「効率が上がるのか」「お客様満足度が上がるのか」という視点です。私が体系化したプリマベーラの経営の仕組みは、「成果の出る経営計画書の仕組みＤＶＤ」のように、必ずタイトルに「成果の出る」

という枕詞（まくらことば）をつけるほど、**「成果が出る」ことにコミットしている**のです。

本書では、私が磨き続け、できるだけシンプルにした、成果の出る仕組みを、**「この本の金額でここまで公開してしまっていいのかな？**」と私自身が躊躇（ちゅうちょ）するくらい公開しました（笑）。「吉川充秀の実践経営塾」で一社１７６万円で公開していた内容が次々記載されているのですから（笑）。公開しすぎると、コンサルティング事業部のトップの松田幸之助（まつだこうのすけ）から「やり過ぎです！　営業妨害です！」とクレームが入るので、ちょっとだけは出し惜しみしていることはご了承ください（笑）。全ての仕組みを１７６０円で公開してしまったら、私たちの会社のコンサルティング部門の「成果」が出なくなりますから（笑）。皆さんの会社は「成果」が出て、私たちの会社は「成果」が出ないという笑えない状況になってしまわないように若干、我が社のコンサルティング部門の従業員さんに配慮をして編集しました（笑）。

本書では、本編を松田幸之助が執筆しています。プリマベーラの仕組み化経営を、

15年間、もっとも私の間近で学び実践し、一緒に創り上げてくれたのが松田幸之助です。本来、私が担うはずのコンサルティング事業部のトップを、務めるのが彼です。プリマベーラの仕組み化と、私の経営哲学をもっとも熟知している人物と言えるでしょう。私は、章の終わりのコラムを担当し、プリマベーラの仕組み化を、私なりの視点で補足させていただきました♪

この本を読んで、

「本に載ってたあの仕組みを導入したら、ヤバいくらい成果が出たよ！」

「あのフレームワーク、シンプルだけどヤバいね！　あれから頭がスッキリして、おかげで経営のどこに手を打てばいいかわかるようになった！」

「この本、わかりやすくて、すぐにできそうなことがたくさん載ってるから、あっという間に元が取れる！　会社の経費で社員人数分を買ってあげて、うちの社員の課題図書にして、横展開します！　横展開したら、かけ算でヤバいくらい成果が上がりますよね!?」（そのとーりです♪）

「うちの会社は徹底して、プリマベーラさんのマネをすることにしました。プリマベーラさんのコンサルに今後も貢ぎます！（爆）」

こんな会社さんが一社でも増えたら、これ以上にうれしいことはありません♪

この本の仕組みをきっかけに、皆さんの会社に、ヤバいくらいの成果が流星群のように降り注ぎますように♪

株式会社プリマベーラ　取締役会長　兼
ＣＧＯ（Chief Gomihiroi Officer：最高ゴミ拾い責任者）
吉川充秀

済州島に向かうＭＳＣベリッシマの船上から

第1章 最短・最速で結果を出す「仕組み化経営」とは

執筆：松田幸之助

第2章 成果を出す「決定サイクル」の考え方

執筆：松田幸之助

第3章
なぜ「日報」で成果が上がるのか？

執筆：松田幸之助

第4章 社長の「決定」が会社を変える

執筆：松田幸之助

第5章

実施できない理由をなくす

執筆：松田幸之助

第6章

「決められたことを実行したか」をチェックする

執筆：松田幸之助

第7章 「経営計画書」に方針化する

執筆：松田幸之助

編集協力：藤吉豊（株式会社文道）

第1章

最短・最速で結果を出す「仕組み化経営」とは

執筆：松田幸之助

成果のために自分の氏名すら変える

私は株式会社プリマベーラ経営サポート事業部社長執行役兼ＣＣＯ（Chief Consulting Officer：最高コンサルティング責任者）の松田幸之助です。

私が会長の吉川と出会ったのが２００８年9月30日。

そこから吉川と共に仕組み化経営を創り上げてきました。

吉川は常に「成果」を考えて経営をしています。
私の本名は**「松田隆宏」**です。しかし、吉川は「あなたの仕事は人に名前を覚えてもらうことでしょ？　隆宏という名前だと、社長から名前を覚えてもらえないから『**幸之助**』と名乗りなさい」とアドバイスをいただきました。

お察しの通り、恐れ多くも松下幸之助さんの名前をお借りして、２０１７年から**「松田幸之助」**と名乗るようになりました。

私も松下幸之助さんと似ていて、学歴なし、お金なしの人生だったのですが、書き出すと長くなるので本書では割愛します（笑）。

名前を隆宏から幸之助に変えた結果、多くの経営者の皆様に「幸之助さん」と名前を覚えていただき、さまざまなご縁へとつながっています。つまり、名前を変えることで成果につながったわけです。

当時は**「吉川の悪ノリかな」**と思いましたが、今考えればこの名前のおかげでどれだけの「成果」が出ているのか計り知れません。

本書ではこのように「成果」にこだわったさまざまなヤバい仕組みをページの許す限りご紹介させていただきます。

日常の「もったいない」を探してビジネス展開

●北関東を中心に「4事業・17業態・51店舗」の多角化経営

株式会社プリマベーラでは、モノ、人財、技術、ノウハウなど、日常の「もったいない」を探してビジネスを展開しています。群馬県を中心に、埼玉・栃木・長野・茨城・福島県の6県で、古着、古本・DVD、貴金属のリユースショップ、整骨院など4事業・17業態・51店舗を運営しています。以下、代表的な店舗をご紹介します。

事業①／メディア事業

……「まだ読めるのに捨てるのはもったいない」という想いで立ち上げました。

●「利根書店」……本・DVDなどの販売・買取を行う郊外型の大人向けのリユースショップで、2023年11月現在31店舗を運営しています。1998年の創業から現在まで25年間で、1店舗も閉店することなく営業しています。「男のDVD333円～」というキャッチコピーで、地元では有名なお店です。同様の店舗で「ときわ書店」という屋号でも運営しています。

●「2次元館」……利根書店グループ初のマンガ・アニメなどの、郊外では珍しい「2次元」商品の専門店。同人誌・ゲーム・フィギュアなどの販売・買取を展開。「北関東のアキバ」をキャッチコピーに、専門店ならではの圧倒的品揃えを売りにしています。

事業②／リユース事業（リユース＝ものを捨てずに繰り返し使うこと）

……「まだ着られるのに捨てるのはもったいない」という想いで立ち上げました。

●「ドンドンダウン オン ウェンズデイ」……高級ブランド服から、イオンなどに入っているショップブランド、ノンブランドの衣料や靴・バッグなど、幅広い商材を取り扱うリユース古着店。毎週水曜日に「ドンドン値段が下がり続ける」のが特徴。フランチャイズ加盟店として、全国25店舗のドンドンダウン オン ウェンズデイのうち4店舗を弊社が運営しています。

●「ニコカウ・サンコメタダ」……2個買うと、3個目がタダになる「3着1000円」のダジャレストア。「地域で一番安い古着屋」をコンセプトに、洋服、バッグ、靴、アクセサリーといった服飾雑貨を扱う。1000円あればトータルコーディネートが完成する、お財布にも優しい価格設定が魅力です。1店舗を運営。

●「ベクトル」……ハイブランド古着やスニーカーの販売・買取を行うユーズドセレクトショップ。都内のブランド古着店にも劣らない品揃えを地方で展開しています。新作、限定商品、ヴィンテージなど、現行品から過去の名作アイテムを豊富に扱っています。フランチャイズ加盟店として、全国39店舗のベクトルのうち、2店舗を弊社が運営しています。

●「ゴールディーズ」……プリマベーラのグループ内で、もっとも高額な商品を扱う店舗。「高額品を安心して気軽にリユース」がコンセプト。金・プラチナなどのアクセサリー、ルイ・ヴィトンやシャネルなどの高級ブランドバッグやお財布、ウィスキー

プリマベーラは多角化経営の会社

メディア事業

リユース事業

経営サポート事業

整骨院事業

4事業・17業態・51店舗を経営

やブランデーなどのお酒、金券などを買取、販売。直営で6店舗を運営しています。

事業③／整骨院事業

……「この技術が世に広まっていないのはもったいない」という想いで立ち上げました。

●「カラダサポート鍼灸整骨院」……矯正治療・電気治療・鍼治療・トレーニング・美容メニューなど、患者様のニーズに、オーダーメイドで幅広く応える整骨院。大手クチコミサイトで「地域ナンバーワン」に選ばれる。3院を運営しています。

事業④／経営サポート事業

……「このノウハウを自社で独占するのはもったいない」という想いで立ち上げました。成果と生きがいを生み出す「仕組み化コンサルティング」事業。2008年から経営の仕組み化に注力をしはじめ、15年間で膨大な経営の仕組みを創り上げてきました。「そのノウハウを教えてほしい」と多くの中小企業の社長から請われ、コンサルティング事業を開始。現在では、「中小企業の業績を上げる」という成果軸だけでなく、「なぜ経営をするのか」「なんのために働くのか」という「幸せ軸」「成長軸」の面からも、中小企業の経営をサポートしています。

＊　＊　＊

プリマベーラは、持続可能な開発目標であるSDGｓの追い風が吹くリユース事業を中心に、経営を多角化しています。

２０００年の会社設立以来、収益の柱を少しずつ増やすとともに、リスクを分散した結果、「23期連続増収」を達成することができました。私たちのメインは小売業ですから、23期連続増収すなわち、売上を上げ続けることは出店し続ければ達成できます。問題は、経常利益を上げ続けられるかです。

プリマベーラは、コロナ禍でも業績を伸ばし、２０２３年６月期でグループ全体で、売上49億３００万円、経常利益４億２６００万円。プリマベーラ単体では、売上高経常利益率が、高収益企業の一つの目安である、約10％です。現在、14期連続増収増益、

12期連続過去最高益を更新中です。ちなみに、上場企業約3650社のうち、14期連続増収増益を継続中の企業はわずか16社しかなく、実に0・4％の狭き門です。

また、利根書店は、全国同業種約850店舗のうち、売上高営業利益率が日本一です（2022年、自社調べ）。同業の本・DVDのセルビデオショップが業績が上がらず、閉店が増え続ける中、粗利益率も同業種の店舗よりも20％も高い、高収益なビジネスモデルに磨き上げてきました。

古着店のドンドンダウン オン ウェンズデイは弊社の前橋荒牧店が、全国のフランチャイズ店で、売上高全国ランキング一位を合計7回獲得。ハイブランド古着のベクトルも、弊社のベクトル高崎高関店が32回、売上高全国ランキング一位を獲得。激安古着ショップのニコカウ・サンコメタダも、70カ月連続でプリマベーラのニコカウ・サンコメタダが売上ナンバーワンでした。今では、全国のニコカウ・サンコメタダという屋号は、プリマベーラの1店舗だけになってしまいましたが（苦笑）。

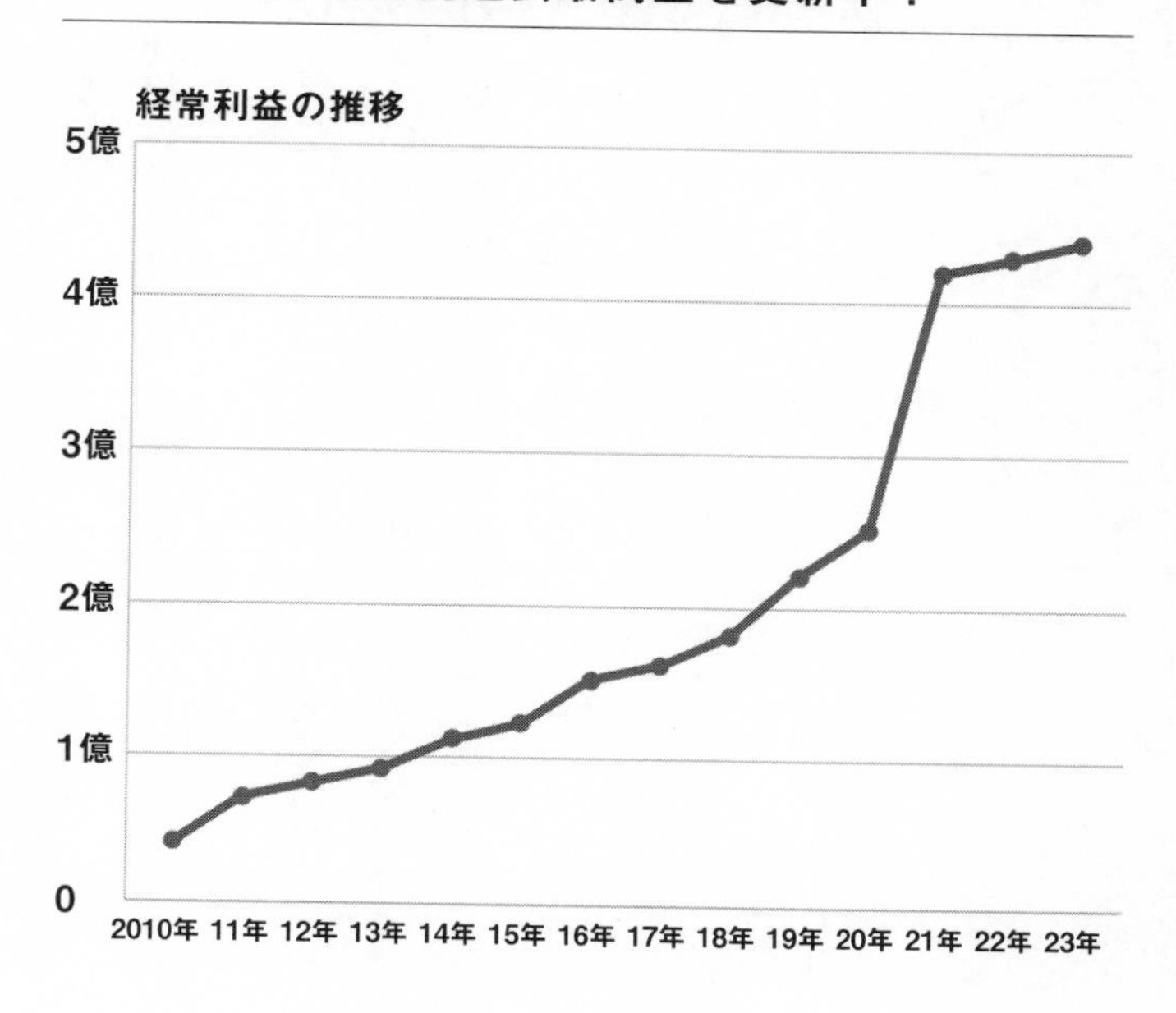
成果が出る仕組みで
12期連続過去最高益を更新中！
経常利益の推移
5億
4億
3億
2億
1億
0
2010年
11年
12年
13年
14年
15年
16年
17年
18年
19年
20年
21年
22年
23年

では、なぜプリマベーラの業績が上がり続けているのでしょうか。

それは、成果が出る仕組みを、２００８年以降つくり続けてきたからです。

さまざまな実験をして、うまくいったら、続ける。うまくいかなかったら、やり方を変える。それでもうまくいかなかったら、やめる。それを速いサイクルで回し続け、儲かる仕組み、すなわち成果の出る仕組みだけが残りました。本書では、膨大なトライアンドエラーから生まれた、その成果の出る仕組みの数々を、皆さんにご紹介します。

仕組み化日本一の中小企業を創る

●「仕組み」をつくって「人に依存する経営」から脱却する

14期連続増収増益の背景にあるのが、「仕組み化経営」です。

プリマベーラでは、グループのビジョンとして、「仕組み化日本一の中小企業を創る」を掲げ、

・いつ、どこで、誰がやっても同じ成果を出す
・会社の決定・方針をスピーディーに実行に移す
・成果の出た取り組みを横展開する

ための仕組みを構築しています。

プリマベーラでは「仕組み化」という言葉の意味も「マニュアル化、チェックリスト化、カレンダー化、横展開化、自動化、自走化をすること」と定義しています。

かつてのプリマベーラには社内に仕組みがほとんどなく、「人に依存する経営」でした。エース店長が辞めたら、売上が下がる。店舗の業績は人次第……。

人に依存する経営から抜け出すべく、「仕組みづくり」に注力し、属人性をできうる限り排除し、誰でも出来る「再現性のある仕事のやり方」を確立した結果、店舗ごとの業績が各人の力に頼ることがなくなり、会社全体をボトムアップし、会社を大きく成長させることができたのです。

プリマベーラの成果の出る仕組み（特に成果が出た、特におススメを抜粋）

カテゴリ	仕組み名	仕組み内容
全体	●成果を出す経営計画書の仕組み	経営計画書はつくっても活用しなければ成果につながりません。プリマベーラの経営計画書は社員が一丸となる「キャッチコピー」や各方針ごとの「目的と目標」があるからこそ、道具として活用できる経営計画書になります。
	●重点を絞り込んだ経営計画資料の仕組み	成果達成の鍵は「数字管理」にあります。しかし、無差別に数字を追うことは時間の浪費であり、成果の創出にもつながりません。プリマベーラのスコアボードである「経営計画資料」は重点主義を根底につくられています。
	●銀行から多額の融資を引き出す経営計画発表会の仕組み	経営計画発表会の目的は、銀行からの融資を引き出すことに重きを置いています。プリマベーラでは、経営計画発表会の完璧なマニュアルを構築し、誰もが成果を生む経営計画発表会を担当できる体制を築いています。
	●経費削減の仕組み	売上増加の仕組みは多く見受けられますが、経費削減の仕組みを持つ企業は稀です。売上をいくら伸ばしても、経費管理が不十分では利益は生まれません。プリマベーラでは月次の「経費最適化会議」を通じ、経費の最適化を図っています。
物的環境整備	●成果を出す物的環境整備の考え方	オフィスや店舗を美化するだけでは、物的環境整備の成果は得られません。成果を生む物的環境整備には、「成果重視の視点」でのアプローチが必要です。プリマベーラの物的環境整備は、成果向上に焦点を当てた仕組みを展開しています。
情報環境整備	● Evernote で成果を上げる仕組み	膨大な経営情報を管理し、成果につなげるためには「情報を管理し寝かしておく仕組み」が必要です。プリマベーラでは Evernote 経営というかたちで、情報を成果につなげる「情報の環境整備」を行っております。これは社長や経営幹部がマスターすべき最重要の仕組みの一つとなっています。
	●会議で成果を出す仕組み	情報収集は重要ですが、「意思決定」なくして現実・現場の変革は生まれません。プリマベーラの会議体制は、お客様の声やライバル情報といった「定性情報」を利用した経営会議と、売上や販売実績といった「定量情報」を基にした業績検討会議・月次決算会議を通じて、「成果を生む」意思決定を推進しています。

カテゴリ	仕組み名	仕組み内容
情報環境整備	●現場から莫大な情報を吸い上げる社内日報の仕組み	机上の空論で意思決定をしても成果に繋がりません。プリマベーラではパート・アルバイトさんを含む約 400 名の従業員さんが、毎日お客様の声、ライバル情報、改善提案などの情報を日報革命で投稿してくれています。毎月 10,000 を超える膨大な情報が集まる仕組みがあるからこそ、成果につながる意思決定ができているのです。
	● Google ワークスペースで仕組みをつくる	プリマベーラでは 10 年以上にわたり Google ワークスペースを活用し、マニュアルやチェックリストにとどまらず、Google カレンダーや G メールなど多岐にわたるツールを成果創出に役立てています。これらの仕組みは、さまざまな体制を構築する上で欠かせない要素となっています。
	●成功事例を全社に広げる横展開の仕組み	成功事例の全社横展開は、会社の売上・利益に大きな影響を与えます。成功事例の発掘方法と、それをどのように社内で展開するかが、情報流通の仕組みの中で明確にされています。
	●お客様の声を科学して成果を出す仕組み	お客様の声の収集は重要ですが、全てに対応することが成果につながるわけではありません。プリマベーラも過去にお客様の声を全て真に受け、遠回りを経験しました。我々はお客様の声を収集し、分析し、そして「どのフィードバックを実行するか」が重要であると認識しています。
採用	●正社員登用希望者を上げるアルバイトグループ制度	プリマベーラはパート・アルバイトさん比率が 70%を超える組織です。だからこそ、私たちはパート・アルバイトさんの「戦力化」にこだわった仕組みを沢山つくってきました。新卒採用が年々難しくなるからこそ、正社員登用の仕組みがより一層重要になってきます。
教育	●価値観を統一するベクトル用語集	いかに優れた仕組みを持っていても、「価値観」の一致がなければその運用は困難です。プリマベーラでは、重視する用語を約 1,000 語集め、「ベクトル用語集」としてまとめています。このベクトル用語集を基に価値観教育の勉強会を実施し、全従業員の価値観の統一を図っています。
	●成果を出す GPDCAY サイクルの仕組み	通常の PDCA サイクルだけでは成果の最大化は困難です。プリマベーラでは、ゴール（G）と横展開（Y）の要素を加えた GPDCAY サイクルを採用し、これが成果に繋がる PDCA サイクルであると信じて実行しています。

カテゴリ	仕組み名	仕組み内容
教育	●会社の歴史、会社のことが楽しくわかるeラーニングの仕組み	プリマベーラでは、アルバイト・正社員の区別なく、入社後約5時間のオリエンテーション動画視聴を通じたeラーニングの仕組みを提供しています。この仕組みにより、入社直後にプリマベーラの重視する考え方を理解することができ、価値観が合致する人財の採用が実現しています。
	●マーケティング脳、成果脳集団にする仕組み	14期連続の増収増益達成には、「成果を直接生むマーケティング」の実施が欠かせませんでした。従業員各々が「成果を出すマーケッター」として成長するために、多様な「共通のツールとフレームワーク」を利用しています。
	●社長の仕事術	中小企業は社長で決まると言われます。生産性オタクだった吉川充秀が創り上げた「成果につながる社長の仕事術」を、誰でもマネできるように体系化した仕組みがプリマベーラ幹部の仕事術のベースとなっています。
	●社員がみるみる成長する人事評価の仕組み	プリマベーラの人事制度は「従業員の成長」を重視した評価体系を採用しています。また、評価制度と仕組みを連動させることで、「やらざるを得ない仕組み」としています。仕組み化経営を推進する中で、この人事制度は最重要の仕組みの一つとなっています。
マーケティング	●あるべきお店を作るショートビジットチェックの仕組み	もっとも成果に直接影響するチェックの仕組みの一つとして「ショートビジットチェック」があります。理想的な店舗のイメージを基に逆算し、「成果に直結するチェックの仕組み」を構築し、実行しています。
	●社長が現場に行ってコンサルティングするロングビジットチェックの仕組み	社長が現場に行くことは重要です。しかし、やみくもに現場に行くだけでは効果が薄まります。社長として、どのように現場を見て、より良くするためのアイデアを出すかがロングビジットチェックの仕組みです。

「成果」にこだわる仕組みをつくる

●「成果の出る仕組み」こそ、「違いをもたらす違い」である

プリマベーラの創業者で現会長の吉川充秀は、自称「仕組み化オタク」です。
2005年から心を入れ替えて経営に取り組むようになってから、吉川充秀個人の研修費として累計2億円の費用を投じて、さまざまな経営ノウハウを学んできました。

その中から、「これは!」と思った仕組みを取り入れ、「成果があった」と確信できたノウハウだけを仕組み化してきました。

当社のようなリユース業界のビジネスモデルの基本は「お客様が使わなくなった物を買取して販売する」ことです。

プリマベーラも同業者のライバルもやっていることは基本的に同じです。

その中で、大きな差になるのが**「成果の出た仕組みを横展開している」**かどうかです。

経営コンサルタントのジェームス・スキナー氏が「ＤＭＤ＝Difference that makes the Difference／違いをもたらす違い」の必要性に言及しているように、「成果の出る仕組み」こそが、同業他社との違いを生み出す、他社にはない仕組みであり、プリマベーラが成果を出している「違いをもたらす違い」なのです。

リユース業界には、「転売できるものしか買い取らない」というお店もあります。しかしプリマベーラでは、基本的に買取を断りません。なぜなら、どんなものでも売れる仕組みを築いているからです。

ビジネスモデルは同じでも「成果の出る仕組み」があるかどうかで「会社の業績」が大きく変わるのです。

●成果が出た「実験」を仕組み化する

プリマベーラでは、新しい取り組みやチャレンジを「実験」と捉えています。実験には失敗がつきものです。成功すると事前にわかっているなら、それは実験ではありません。

10回実験すれば、極論すると9回は失敗に終わります。ですが成功した（成果の出た）1回の取り組みを仕組み化して横展開することで、会社は確実に変わります。

たとえば、当社では3000円以上の備品を購入するとき、社長に「稟議」を出すのが決まりです。あるとき、社長の意思決定の量と時間を減らすべく、「社長の稟議なくても、『上司』の稟議があれば備品を購入してよい」というルールに変更しました。これも一つの「実験」です。

ルール変更後、とくに問題なく稟議の承認作業が進みました。

ですが、現会長の吉川が長野県の店舗に現場チェックを行ったとき、「あるもの」を目にして驚愕します。

驚くことに、**その店舗には「金魚鉢」が置いてあったのです！**

そして悠々と、気持ちよさそうに金魚が泳いでいました。

「まさか」と思い、吉川が「この金魚鉢、経費で買ったのではないよね？」と当時の店長に確認すると、「経費で買いました」と返答が……。現場のアルバイトスタッフの精神の安定のために買ったというのです（苦笑）。

その後、吉川はすぐに稟議の決裁権を自分に戻すように指示。「実験」には寛容な吉川も、「さすがに、金魚鉢はないでしょ」と判断したのです。

プリマベーラの成果の出る仕組みは、このような実験での「苦い失敗」の上に成り立っています。

プリマベーラと他社の違いは、

「失敗を恐れず、実験の量を増やしている」

「成果が出るまで改善を繰り返す」

そして、

「成果の出た取り組みを仕組み化している」

点にあるのです。

仕組みを動かすには「経営のOS」が必要である

●プリマベーラには、三つのOSが実装されている

パソコン、スマートフォン、タブレット端末には「OS＝オペレーティングシステム」が組み込まれています。パソコンならマイクロソフトのWindows、アップル社のiPhoneならiOSのように。

OSとは、「システム全体を管理し、さまざまなアプリケーションソフトを動かすための基本的なソフトウェア」のことです。

ＯＳが入っていなければ、アプリケーションソフトを動かすことはできません。私たちが、エクセル、ワード、パワーポイントといったアプリケーションソフトを操作できるのは、ＯＳが指示を与えているからです。

プリマベーラでは、「経営にもＯＳとアプリケーションソフトがある」と考えています。

私たちが考える、経営のＯＳは
「環境整備」（第６章）
「経営計画書」（第７章）
「お客様第一主義」
の三つです。

この三つはいずれも、「考え方の基盤」「会社の土台」を固めるための「経営のＯＳ」です。環境整備、経営計画書、お客様第一主義を徹底することで（つまり、経営のＯＳを実装することで）、

「従業員全員の価値観を揃える」

「会社の方針をただちに実行する組織を創る」

ことが可能になります。


そして、**経営におけるアプリケーションソフトが、「成果の出る仕組み」です。**

社内の仕組みをつくっても機能していないとしたら、その要因の一つは、経営のOSが脆弱だからです。

「仕組みを実行する文化」

「会社の方針を実行する文化」

が浸透していないからです。

仕組みは「仕組みを実行する文化」が根付いてこそ、はじめて成果に結びつきます。


かつてのプリマベーラは、当時社長だった吉川が指示を出しても、「社長がまた何か言っているよ」としか幹部は取り合わず、「方針を実行する組織」にはなっていませんでした。あげくの果てには、仕事が終わったあとに深夜のファミリーレストランで「会社の愚痴大会」です。

社員の士気は下がる一方でしたから社長の方針は守られない。「実行されたらラッキー」レベルでした。

この状況に危機感を覚えた吉川は、２００８年に「株式会社武蔵野」の経営サポート会員となり、小山昇（こやまのぼる）社長に師事します。小山社長は、倒産寸前だった武蔵野（経営支援事業、環境衛生事業）を75億円企業に成長させた中小企業のカリスマ経営者です。

そして小山社長の下で、「環境整備、経営計画書、お客様第一主義」といった「経営のＯＳづくり」を学んだのです。

どんなに社長ひとりが優秀でも、それだけでは会社は成長しません。社長の方針を「実行する組織」を築くことが、「成果を出す仕組み」で回る会社への第一歩です。

【「環境整備、経営計画書、お客様第一主義」＋「仕組み」＝成果】

●社員教育に力を入れて、「環境整備」「経営計画書」「お客様第一主義」（経営のOS）を徹底する。

⬅

●考え方の基盤ができ上がり、「会社の方針を実行する文化」が整う。

●全従業員の方向性、足並み、価値観が揃う（ベクトルが合う）。

⬅

●「仕組み」（アプリケーション）が効率よく動くようになる。

⬅

●成果につながる。

環境整備で、「方針を実行する」というOSをつくります。

経営計画書を使って、「組織の価値観を合わせる」というOSをつくります。

お客様第一主義を浸透させ、組織全体がお客様を喜ばせるというOSをつくります。このOSがあってこそ、アプリが正常に機能するのです。そして、そのアプリを実行することで、成果につながるのです。

「義務」と「自由」を両立させる

●「3G経営」と「LTE経営」

前述した「仕組み化の定義」以外にも、もう一つ仕組み化の定義があります。

それは、仕組み化とは、「**やらざるを得ない仕組み**を創ること」というものです。

プリマベーラでは「成果の出る仕組み」の中で「やらざるを得ない仕組み」があります。

このやらざるを得ない仕組みがあるからこそ、成果の出る仕組みが「実施」されます。

とはいえ、「やらざるを得ない仕組み」だけでは、社員の自発性とやる気が失われてしまいます。

そこで、「やらざるを得ない仕組み」（義務）と「やりたいこと」（自由）のバランスをとっています。

この「義務と自由のバランス」を私たちは、通信回線になぞらえ、社員のモチベーションを「3G（スリージー）経営」と「LTE経営」の二つに分類しています。

●「3G経営」

「我慢・犠牲・義務」の略。嫌々ながら仕方なく会社のルールを守り、方針を実行する。

（例）業務のタスク化・マニュアル化・チェックリスト化、など。

●「LTE経営」

「自由（Liberty）・自分で考える（Think）・楽しい（Enjoy）」の略。自由に企画を行える余白を、社員のためにあえて残しながら、自ら考え楽しく仕事をしてもらう。

（例）自由に売場をつくる。仕事の自由度を与える。失敗を許容しながら「新しいこと」にチャレンジさせる、など。

私たちの古着店で働くスタッフは、マネキンを自分好みに「コーディネート」するのが大好きです。古着や服が好きで入社しているので、その気持ちもわかります。

マネキンを自分好みにコーディネートする方法を「考えて」取り組んでいるときは、「自由」で「楽しい」時間です。コーディネートがキマれば、同僚から感謝されたり、褒められたりするので、まさに「LTE」です。

しかし残念なことに、マネキンのコーディネートを過度に頑張っても、大きな「成果（売上）」にはつながらないことがわかっています。なぜなら、お客様の来店目的は、「マネキンのコーディネートを見ること」ではなく、「商品を購入すること」だからです。

したがって、店舗としての成果を出すには、「3G」である「一枚でも多く、買取した洋服を売り場に値段をつけて出す、という地味なタスクである義務」に注力しなければならないのです。

義務だけの「3G経営」だけではモチベーションは上がらない。かといって、自由度の高い「LTE経営」だけでは締まりがなくなります。**ちょうどいいのは3G経営**

とＬＴＥ経営の中間です。

したがってプリマベーラでは、

「やらざるを得ない仕組みを経て、やりたいことができる自由を得られる」

と考え、「『３Ｇ経営』で成果を上げながら、『ＬＴＥ経営』で社員が伸び伸び働ける環境」を目指しています。「お客様が求めていることをまず、いの一番にやろうね。それが義務だよ。それが早く終わったら、好きな仕事に取りかかろうね♪」こう伝えます。すると、仕事も早く終わって、自分の好きな仕事をする時間が捻出できるようになります。これが、プリマベーラが理想とする３Ｇ＋ＬＴＥ経営です。

プリマベーラでは、各仕組みの実行度合いを人事評価制度と連動させています。「やらなければ、評価が下がる」ため、社員は義務感を持って方針を実行します。これが「やらざるを得ないこと」です。

一方で、社員からの「こうしたらどうか」「こういうことをやってみたい」という提案を自分たちで考えてもらい（Think）、上司はそれを受け入れ、チャレンジをさせています。これが、「自分で考えた、やりたいこと」です。

「義務」と「自由」をセットにするわけです。プリマベーラが求めている人材は、「やりたいことしかやらない人」でも、「言われたことしかやらない人」でもなく、「やるべきことを完遂すると同時に、自ら仕事をつくれる人」です。

「人間の心理を無視して経営をしてはいけない」。株式会社武蔵野の小山昇社長の名言です。成果の出る仕組みを実践する上で、とても重要なメッセージです。プリマベーラではこの名言を胸に、**人間心理を踏まえた「成果の出る仕組み」を構築しています。**

マネるときは、「成果が出ている仕組み」をマネる

●マネこそ最高の創造である

「知の巨人」「マネジメントの父」と称されたピーター・ドラッカーは、企業家戦略のひとつに「創造的模倣」を挙げています。

創造的模倣とは、「すでに誰かが行ったことを、最初に行った人よりも深く理解して、創造的に行うこと」です。

プリマベーラでは、創造的模倣を

「他社の成功事例をマネして、さらに工夫・改善を加えること」

と解釈しています。

プリマベーラが師事する小山昇社長が、

「マネこそ最高の創造である」

とおっしゃるように、独自性のある経営スタイルは、「他社の模倣」からはじまります。

プリマベーラも、増収増益を続けている企業、日本経営品質賞を受賞した企業、日本で一番大切にしたい会社、社風がよくいい会社と呼ばれている企業、世界的な大企業など、数多くの成功した会社のマネをして、ここまで成長しました。プリマベーラの仕組みの多くは、「ゼロから自社開発した」ものではなく、すでに成果が出ている既存の仕組みを「マネ↓実施↓工夫↓発展」させたものです。

私たちが自虐的に、プリマベーラを「プリマネーラ」と呼ぶのも、「成功事例のマネ」を積極的に行っているからです。

●他社の仕組みをマネするときの二つのポイント

マネこそが、手っ取り早く新しいものを生み出す原動力です。オリジナルにこだわるとウジウジ考えて、結局現実をいつまで経っても変えることができません。

他社の仕組みをマネするときのポイントは、次の「二つ」です。

【他社の仕組みをマネするときのポイント】

①「よいこと」ではなく「成果が出ていること（実績のあること）」をマネる

かつて創業者の吉川は、「よいこと」に手を出して痛い目に遭ったことがあります。あるコンサルティング会社から提案のあった「タマネギの栽培（農業）」をマネしたのです。

当時吉川は、

「タマネギの栽培に必要な液体肥料は、食品残渣（ざんさ）でできている。液体肥料を使った農業は、地球環境にもいいし、プリマベーラの取り組むリユース事業にも通じるものがある！」

と考えました。結果は、惨敗です。利益は上がらず、収益構造の改善も見込めず、タマネギ栽培は、2年でやめました。コスト回収の見込みのない事業をマネたことが敗因でした。今思えば、**「成果が出たこと」をマネしていたのです。「成果が出たこと」をマネしたのではなく、「成果が出そうなこと」をマネしていたのです。**ちなみに、液体肥料を使った農業に取り組んだ会社は全て、その事業から撤退しています（苦笑）。

液体肥料を使った農業は、リサイクルの観点からも、エコロジーの観点からも「よいこと」です。ですが「よいこと」であっても、成果が出るとは限らない。**マネすべきは、「よいこと」ではなく「成果がすでに出ていること」です。**

②「包装紙」に惑わされない

「『包装紙』に惑わされない」とは、「評判、人気、知名度、企業規模、見栄え」といった表面的な情報に惑わされず、**「会社の経営状態や数字などの実績」を把握した上でマネする会社を選ぶことです。**これはポイント中のポイント中のポイントですが、多くの会社の社長さんがこの点を見落とします。

どれほど相手が有名な企業や経営者でも、その企業の決算状況がおもわしくないのであれば、「安易にマネをするのは危険」とプリマベーラでは考えています。ですから、当社では、帝国データバンクなどの企業信用調査を活用し、決算書データなどを閲覧し、実績のある企業に限って勉強会などに参加しています。

「花は咲いていない（＝有名ではない）けれど、実が取れている（＝成果を上げている）」企業の真似をするのが、プリマベーラのスタンスです。

プリマベーラが「売上」や「利益」などの数字を公表しているのは、「自慢したい」からではありません。**自ら包装紙を取って中身を見せることが、ニュートラルにお客様に判断してもらうためには必要であると考えている**からです。

包装紙は「花」です。とても綺麗で人が集まります。

けれども経営では成果という「実（み）＝営業利益という実」をならせるのがもっと大切なことです。

企業の取り組みをマネするときには、見た目の綺麗な包装紙や花に気をつけなければいけません。

●プリマベーラ流ベンチマーキングの「5ステップ」

プリマベーラの経営サポート事業部では、**仕組み化経営日本一を目指す当社の仕組みを見学・体感できる参加型セミナー「プリマベーラのバックヤードツアー」を開催しています。**

14期連続増収増益を達成したプリマベーラの本部や店舗、バックヤードを全てフルオープンで公開しています。仕組み化経営の現実・現場をリアルで見学できます。私たちも日本全国のいろいろな企業をベンチマーキングしてきました。ベンチマーキングとは、他社や他分野における成功事例をマネして、経営改善を進める手法です。さて、過去の経験から言うと、ベンチマーキング企業のオープンの度合いは次の五つのレベルに分けられます。

レベル1は、小売業なら売場は見せてくれる、でもカウンターの中はNGというところ。お金を払って見学に行っても、ここまでしか見せてくれない企業が多いです。とくに大企業はその傾向にあります。視察先としては物足りないですね。

レベル2は、売場とカウンターの中までは見せてくれる、でもバックヤードはNGというところ。カウンターの中まで見せてくれれば、現場のオペレーションがわかります。ここまで見せてくれたら、視察先としては満足度が上がります。

レベル3は、バックヤードまで見せてくれるけど、さすがにパソコンの中はNGというところ。**バックヤードこそが実は、その会社・そのお店のDMD（違いをもたらす違い）が隠されています。**バックヤードまで行くと経営数値も見える化されているので、ここまで見せてくれれば感動レベルです。

レベル4は、バックヤードどころかパソコンの中までフルオープンで見せるところです。もはや筒抜けの状態ですね（笑）。パソコンの中こそ秘密のオンパレードです。それすら見せる企業はありません。プリマベーラは「フルオープン」と名乗っている以上、ここまでお見せします。そのおかげで、プリマベーラの現実・現場を見学できるバックヤードツアーの満足度は、お客様から極めて高い評価を受けています。

バックヤードツアーでは、成果の出た当社の仕組みを「マネしていただく」ためのステップとして、「プリマベーラ流ベンチマーキング手法」をお伝えしています。この手法は、何百社という会社を視察して、会長の吉川がたどりついたベンチマーキングのＤＭＤと呼べるものです。プリマベーラでは、年に一回、現場の従業員が当社の他店をベンチマーキングしにいく「バスウォッチング」という取り組みを、武蔵野さんをマネて導入しています。そのときに、従業員に伝えているのが、ベンチマーキングのやり方の5段階です。このベンチマーキング手法を教えるだけで、従業員さんの成長が加速します。

【ベンチマーキングの5段階】

●第1段階……「何をマネるか」を決める

「これはいいな、よさそうだな、便利だな」と思える仕組みを見つける。マネをするのに、もっとも易しい段階です。

●第2段階……「どのように」をマネる

具体的にどのようにやっているのか、その方法をマネる。「何をやるかを決めたけど、どのようにやっているかまでは、見てこなかった」というのがベンチマーキング初心者のあるあるです。

●第3段階……「なぜその取り組みをしているのか」理由を知り、マネる

成果を出す上では、第3段階のレベルまで聞き出さないと、不十分です。第1段階、第2段階では、あくまでも「よさそうなこと」「成果の出そうなこと」をマネているに過ぎません。**「この取り組みをして売上が10万円上がった」と聞いてマネをする、これ**

プリマベーラのバックヤードツアーはフルオープン！

が成果を出す人の考え方です。

●第4段階……「習慣」をマネる

私たちは、ついつい目新しいものに飛びつきがちです。「この会社はChatGPTを、会議に活用しているらしい」と聞くと、「では我が社もマネしよう」と安直に動いてしまいます。実は、目新しいほぼ全ての取り組みは「成果が出そうなこと」です。これは、多くの企業の社長が無自覚にやっていることです。つまり、**このテの目新しい取り組みは、マネする対象としては「捨てる」のが正しい。逆に、長く続いている仕組みは「実績がある」ため、マネる価値が高い。地味だけど、5年、10年やり続けている取り組みこそ見つけて、マネをする。これが成果を出す人の考え方です。**

●第5段階……「やらないこと」を決める

「これはいいな」と思ったことを全てマネると、仕組みが際限なく増えてしまいます。そうならないためには、**「何をマネして、何をマネしないのか」**、**優先順位をつけるこ**

バックヤードツアーのポイント
（抜粋版。完全版は巻末に！）

① 会議の生産性を上げる魔法の見える化

② 社内転職のきっかけを作る事業部紹介

③ 成果と生産性にこだわったプリマベーラ流経営会議

④ 売上を最大化させる業績検討会議

⑤ 経費の最適化ができる月次決算会議

⑥ GPDCAYサイクルが毎月回るGPシート

⑦ 意思決定の精度が上がる全社売上ルッカースタジオ

⑧ ただの応接室だともったいない！成果の出る応接室の作り方

⑨ 離職率を下げる！（多分）世界一長い表彰状

⑪ 前向き社員を増やすビジュアライズシート

⑧応接室

⑨日本一長い表彰状

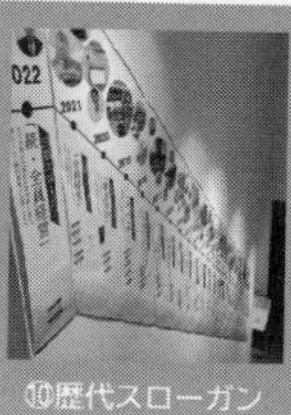
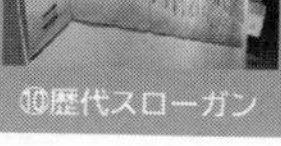
⑩歴代スローガン

⑪ビジュアライズシート

とが大切です。

たとえば、利根書店では、ライバル会社の売場展開、販促手法、ホームページの見せ方などはマネしますが、それ以外はマネしません。なぜなら、それ以外の部分においては利根書店がもっとも成果を出しているからです。最近では、**会長の吉川は、「ベンチマーキングに二日間で8社を回って、一つもマネしないという決定をすることが増えた」**と言っています。それだけ、第5段階のマネのレベルに近づいているのかもしれません。ある意味、**余計なことはしない、ということでもあります。貴重な経営資源である、時間を有効活用しているとも言えます。**

「プリマベーラのバックヤードツアー」にご参加いただいた方の満足度は平均で90%を超えます。その理由は、フルオープンにパソコンの中身まで見せるから、というだけではありません。抽象論ではなく、再現性のある具体的な「成果の出る仕組み」をすぐにマネできるからなのです。

それでは、次の章以降で、成果の出る仕組みをオンパレードでご紹介していきましょう。

第１章のポイント

- 仕組み化が定着すると、「いつ、どこで、誰がやっても同じ成果が出る」「会社の決定・方針がスピーディーに実行される」ようになる。
- 失敗を恐れずに実験の量を増やし、成果が出るまで改善を繰り返す。
- 大事なのは仕組みをつくることではなく、仕組みを動かすこと。仕組みを動かすには、経営のＯＳが必要。経営のＯＳを実装するための取り組みが、「環境整備、経営計画書、お客様第一主義」である。
- 「義務」と「自由」を両立させる。やらざるを得ないことを経て、やりたいことができる自由を得られる。
- 独自性のある経営スタイルは、「他社のマネ」からはじまる。

コラム

仕組み化経営のゴールとは？

執筆：吉川充秀

カリスマ社長だった私が、49歳でセミリタイア♪

24歳で会社を起業して25年間、経営一筋でがむしゃらに働き続けた結果、一代で株式会社プリマベーラをグループ年商49億円、経常利益率約10％の高収益企業に育て上げることができました。さらには、14期連続増収増益、加盟したリサイクルショップのフランチャイズでは全て売上日本一を獲得と、それなりの結果を残すことができました。

また、自己資本比率も50％を超え、現預金とそれに準ずるものが、借入金を上回る、実質無借金経営です。金融機関さん8行からの借り入れは、全て無担保無保証です。

社員満足度も2014年に正社員50人以上の部門で、一位を獲得できました。国家資格者が多く転職しやすい整骨院の社員を除けば、**正社員約100人の年間離職率は1%**。コロナ下の3年間では、正社員約100人のうち離職者はたった一名。しかもその社員も、退職して3カ月後には、私たちの会社に里帰り希望（**再就職を、美しく「里帰り」と呼んで、里帰りを奨励しています**）を出してきました（笑）。

48歳で脂ののりきった私が決断したことは、**脱カリスマ**です。48歳で社長職を二代目の新井英雄に譲り、会長職に退きました。1年半、新井英雄の社長としての仕事ぶりを、陰から支え、社長として十分に務まることを確認して、49歳で代表取締役を降りました。そして今は、株式会社プリマベーラの取締役会長であると同時に、株式会社プリマベーラのCGO（Chief Gomihiroi Officer）、最高ゴミ拾い責任者として、ライフワークであるゴミ拾いと、**上機嫌な生き方**を全国の多くの皆さんに伝えるべく、「ゴミ拾い仙人の吉川充秀」としてセカンドライフを送っています（笑）。

仲間の経営者の皆さんにとっては、青天の霹靂（へきれき）だったことでしょう。自他ともに認めるカリスマ社長だった吉川充秀が、まさか代表取締役まで退任して、ゴミ拾い仙人に転身したのですから（笑）。経営という「俗」の世界から、「仙」人の世界へ旅立ったことに、プリマベーラの従業員さんも同じくビックリ仰天でした（笑）。

社員をもっとも成長させる方法は、社長である自分をクビにすること！

２０１７年、私が44歳の経営計画発表会で、こんな宣言をしました。**「脱カリスマを図ります！　私は普通のおじさんに戻ります！**（本心は、普通のお兄さんと言いたかった！）」と（笑）。アイドルが「普通の女の子に戻りたい」というのと同じ心境ですね♪　では、私は「この忙しい経営者人生から、いい加減足を洗いたい」と思ったから脱カリスマ宣言をしたのか、というと違います。当時の私のミッションは大きく二つでした。一つは、増収増益を続けて、従業員さんの年収を安定的に引き上げていくこと。もう一つは、従業員さんに成長してもらうことです。

ところがある時に気づきます。**「社長の仕事は決定」**だから、トップである私のところに決定案件は全て回ってきます。この**「決定」を私自身がやっている間は従業員の**

皆さんは、真の意味で成長しないのではないか？　従業員さんをもっとも成長させる方法は、社長である自分をクビにすることではないか。恐ろしいことに気づいたわけです（苦笑）。

それまでも、会社の仕組み化を磨き上げて、全国の同業種、異業種の中小企業の社長や幹部が寄ってたかって、わざわざ、ＪＲも通らない群馬県太田市まで、仕組みをパクリに来てもらえる会社、にはなっていました。２０１７年当時、年商35億円前後と、企業規模としてはそこそこだけど、仕組み化や企業の質としては、わざわざ見学に来たい「すごい会社」にしようと頑張っていたわけです。

権限委譲を劇的に進める、魔法の質問「どう思う？」

「脱カリスマ」宣言をしてからというもの、権限委譲を次々と進めます。経営計画発表会で、従業員の皆さんの前で大見得を切って宣言したからには、実行に移さないわけにはいきません。**決定の場である会議も一つひとつ、私が抜けていって、四つの事**

業部の事業部長を「事実上の社長」に据え、決定の権限を持たせるようにしました。

すると、**事業部長が面白いくらいに成長していきます。**今までは、社長の私に「これでいいですか？」と聞く立場でしたが、彼らに決定を委ねるようになると、「これでいいですか？」と私に聞いてきても、逆に私は「松田さんはどう思う？」と聞き返します。カリスマ期には、「全ての決断を3秒で決める！」と意思決定のスピードに自信を持っていた私ですが、**脱力リスマ宣言後は、「どう思う？」おじさん（本当はお兄さんと言いたい）へと変貌しました**（笑）。

私は幸福の専門家という顔も持ち合わせています。その専門家の19年の幸せ研究の立場から言うと、**人生は口癖で決まります。**ということは、一人一人の人間の集合体である**会社もまた、口癖で決まる**と言えます。**「どう思う？」という口癖をトップや上司が使えば、部下は必ず考えます。質問形は非常にパワフルで、相手は必ず答えを探し出すのです。**この**「考えて、発言して自分なりの回答を用意する」プロセスこそが、彼らを成長させます。**もし、**本気で人を成長させようと思ったら、今日から「どう思う？」を口癖にしてみてください。**マネジメントに魔法がかかるかもしれませんね♪

ジブンゴトにしたら、勝手に学びはじめる！

つまりは、**従業員さんを本気で成長させようと思ったら、彼らに意思決定をさせること、これが一番です。これ以上の「教育」はありません。**自分たちの決定で、経営が行き詰まったら、自分たちの責任ですから、**本気でジブンゴトで考えるようになります。**そして、彼らは勝手に本を読みはじめたり、セミナーに行きたがるようになり、人に聞いて勉強するようになります。彼らが成長していくのを横目で見ながら、「自分がいなくても大丈夫な組織になる！」と確信して、私はセミリタイアを決め込みました。**私が組織のトップで居続ければ、いつまで経っても「吉川充秀の会社」です。**私がセミリタイアをして、ほぼ口出しをせず見守ることで、新井英雄の会社になり、松田幸之助の事業部、守田達郎（もりたたつろう）、津久井豊（つくいゆたか）の事業部になりました。

つまりは、**彼らの成長のために、セミリタイアをしたわけです。**

仕組み化とは経営のシステム化

私たちは仕組み化経営を標榜しています。成果の出る仕組みを、会社のオペレーションやマニュアルに片っ端から組み込んできました。**誰がやっても平均的にできるようにすること**が仕組み化経営の目的です。システム経営という言葉があります。システム経営＝仕組み化経営です。私たちは、システムで会社を動かしているのです。そして、**そのシステムをオペレートできるように、従業員さんが成長すれば、私はめでたくクビになる、**ということです（笑）。

仕組み化の一例を見てみましょう。仕事のスタートは朝礼です。プリマベーラの朝礼はマニュアル化されています。朝礼の大枠は会社でチェックリストをつくり、事業部ごとに、そこからアレンジして、**各事業部で最適化**をしてもらっています。7割はやることが同じで、3割が事業部ごとに違うというイメージでしょうか。事業部の同じ業態のA店とB店なら、朝礼はほぼ100％同じです。そうすることで**新米店長で**

も、「成果の出る朝礼」ができる仕組みになります。

ところがベテラン店長になると、**マニュアル通りでは飽き足らない人**も出てきます。「もっと朝礼を、こうしたい」という改善提案が出てきます。**その場合はどんどん「実験」させます。そしてうまくいけば、全店で横展開をします。**属人的で、その店長しかできないようなことは、横展開しません。

私たちは、朝礼だけでなく、

・経営計画書という仕組み
・経営計画書が浸透する仕組み
・価値観教育の仕組み
・社員が講師になって教え合う教育の仕組み
・仕組みを実行せざるを得ない人事評価の仕組み
・離職が激減する仕組み
・従業員さんが楽しく働ける仕組み
・円滑に仕事ができるようなコミュニケーションの仕組み

・翌月の1日には月次決算が出る仕組み（今は経理の従業員さんの負担が大きいので、数日の余裕を持たせています）
・モノの環境整備の仕組み
・情報の環境整備の仕組み
・現場で不正ができない仕組み　など

数え切れないほどの仕組みを創り上げてきました。**それをパワーポイントのスライドで紹介するとなると、１２６０枚にもなります**（笑）。そして、仕組みを創り上げてきただけでなく、**常にベストを追求し、改善に改善を重ねて、**「なーるほどーーー」と他社の社長や幹部から、うなってもらえるようなノウハウを磨き上げてきました。それをSEO（Search Engine Optimization、検索エンジン最適化）になぞらえて、**「仕組みの最適化」**と呼んでいます。横文字は特にありません（苦笑）。

仕組みを最適化するほど、会社のレベルが上がっていきます。成果や経費削減、お客様満足度、作業効率の改善につながるわけです。こうやって、数々のオペレーション、取り組みをシステム化し、増収増益を14期連続で積み重ねてきたわけです。

仕組み化の目的の第一段階は「自走」

では、**仕組み化の目的とは何でしょうか？　まずは、自走**です。中小企業がまだ小さくて社長の属人性に頼っている段階では、社長は現場から抜け出すことすら困難なことがあります。つまりは「社長がいないと回らない」状態ですね。

「強い組織」という言葉がありますが、その定義の一つは、「社長が何日間、会社にいなくても回るか？」と捉えるとわかりやすいかもしれません。せっかく1週間の経営合宿に来ても、ひっきりなしに会社やお客様から電話がかかってきて、三日目くらいになると「明日、いったん帰ろうと思います」という社長さんがいます。まだ「強い組織」とは言えない状態です。**社長が1週間いなくても1カ月いなくても、究極は1年いなくても、びくともしない組織、それが強い組織**と言えるでしょう。

それを私たちは「自走」という言葉で表現しています。従業員の皆さんたちで、自ら走れる状態です。**社長が先頭に立って走らなくても、勝手に走るということです。**

この「自走」状態に持って行くには、一番早いのが、**社長が物理的に会社からいなくなること**だと、私は12年前に気づきました。そのときから、私は会社に出社しなくなりました（笑）。会議や打ち合わせ、勉強会など必要な時は行きますが、それ以外はお客様や取引先さんのところに行ったり、銀行さんを回ったり、セミナーやライバル企業の視察に行ったり、そして一番は自社の店舗を回りました。本社にいると、従業員さんが聞いてきます。「社長、これはどうしたらいいですか？」「社長、●●さんがお見えです」……。社長である私が本社にいると、ひっきりなしに従業員さんから声をかけられます。そして、**「とりあえず社長に聞いておけばいい、社長にパスしちゃえばいい」と従業員さんが、自ら考えなくなります。**

チャットツールの導入で、社長がいなくても自走できる組織にする

そこで、２０１１年ごろからチャットツールであるチャットワークを導入して、**社内メールを廃して、チャットで会社運営が成り立つように仕組み化**しました。チャッ

ト上なら、隣にいる人に話しかけるように会話ができます。チャットワーク導入を機に、**私の自宅から333メートルしか離れていない本社に出社することを止めました**（笑）。店舗周りなどの行事がない時間はカフェにこもって、勉強会の資料をつくったり戦略を立案して、**「緊急じゃないけど重要なこと」によりフォーカスできるようになりました。**そして、その「緊急じゃないけど重要なこと」の最たるものが、**仕組み化の構築です。仕組み化の原案は、カフェで出来上がるのです（笑）。**

ちなみに、つい最近までは、自宅から333メートルしか離れていない本社に行かずに、2600メートル離れているレンタルオフィスをわざわざ1カ月2万2000円の家賃を払って借りていたほどです。つまりは、**それだけ意思決定者が近くにいなければ、自らが判断せざるを得なくなり、人が成長するということです。**

仕組み化の次の段階が「自創」

では、仕組み化の次の段階は何でしょうか？　それが**「自ら創り出せる」ほうの**

「自創」です。**自ら戦術や戦略を創り出せる。新たな稼ぎを創り出せる、**ということです。自走段階に比べると、一気にハードルが上がります。

では、その「自創」状態に持って行くにはどうしたらいいか？　私は、月に400時間働くブラック経営者でしたから、一日中アンテナが立っていて、とにかくいろんなことがひらめきます。**ひらめくコツは、何よりも問題意識を持つこと**です。私が現役社長時代は、経営会議の議題をひねり出すのが、経営者としての一番の仕事でした。まさに、**企画、議題を「自創」する**わけです。問題意識があれば、脳にアンテナが立ちます。**アンテナが立つと、自分が意識してない時間でも、潜在意識下でグルグル答えを探し出します。**

ちなみに、そんなときに、ゴミ拾いをすると、無心になれます（笑）。すると、無意識下で、課題の解決が思い浮かぶのです。もうびっくりするくらいに！　企画に行き詰まったらゴミ拾いです。ゴミ拾いしながら、ひらめいたアイディアを片っ端からスマホの音声入力でEvernoteに放り込むわけです。

なお、本書ではページの都合上Evernote経営についてはお伝えすることができませんが、令和5年度の東京都中小企業技能人材育成大賞知事賞（東京都でナンバーワンの賞）を受賞した株式会社NISSYOの久保寛一社長は「Evernoteは吉川さんからの贈り物」だとして、次のように述べています。

「10年前に教えていただき、今では1万4450個のノートが集まり、私の大切な玉手箱になっています。玉手箱の開け方を教えていただきありがとうございます」

Evernote経営に興味がある方は、私が過去に開催したEvernote経営塾のセミナーDVDをぜひご覧ください♪

ゴミ拾いの話に戻します（笑）。「決定サイクル」というプリマベーラの独自の理論も、ゴミ拾いをしながら、次々とひらめき、理論を肉付けしていきました。この本の3割くらいは、ゴミ拾いで思いついたことと言っても過言ではないかもしれません（笑）。そういう意味で、**問題意識を常にたくさん抱えている経営者や企画者がゴミ拾いをすると神がかる可能性が大です（笑）**。気になった人は、『ゴミ拾いをすると、人生に魔法がかかるかも♪』（あさ出版）という私の著書をご覧くださいね♪

日報で社員の問題意識を醸成する！

では、従業員さんにゴミ拾いをやらせるかというとやらせません（笑）。**問題意識のない人には、ひらめきようがないのです。**だからまずは、問題意識からです。**その問題意識を醸成するのが、日報です。**現場で働く皆さんは、言われたことを忠実にこなすことが仕事だと思っている人がほとんどです。なぜなら、彼らのアウトプットは現場での仕事だからです。ところが、**彼らに一日10分、15分を与えて、その日の仕事の「お客様の声、改善提案」を日報という形でアウトプットさせたらどうでしょう？「お客様が喜びそうなアイディア」というテーマで毎日毎日アウトプットさせたらどうでしょう？ イヤでも、お客様が喜ぶことにアンテナが立つようになります。それが問題意識です。**

そして、**誰かがあげた改善提案を見て、また誰かが別のアイディアをひらめくという「創発」が起こります。**誰かの知恵に、誰かの知恵を掛け合わせて、新たなものを生み出すということです。**カリスマ社長がいなくても、創発が起これば、「自創」も可能になってきます。それをシステム化したツールが、私たちが開発した「日報革命」というソフトです。**「革命」と言っているだけあって、通常の業務日報とは、趣旨が違います。**日報革命は、単なる報告ツールではなく、経営を次の次元の「全員経営」「自創次元」にいざなうツール**だと言っていいでしょう。ですので、日報革命の見積もりをとって「他の日報ソフトに比べて高い」とか言わないでください（笑）。そもそもで目的が違うのですから（笑）。

さて、現在セミリタイアした私は、経営のアイディアをひねり出すところはお手伝いをしていますが、**従業員さん同士の創発で、新たなアイディアが次々と立ち上がり、自創段階に入ってきたなあと、日報を読みながら、よく悦に浸っています（笑）。**

仕組み化の究極のゴールとは？

さて、「自走」組織、そして「自創」組織になることが仕組み化の目的だと伝えましたが、その先に**最終的なゴールがあります。それは経営者自身をクビにすること。**つまりは、**経営者が辞めても大丈夫な組織**ということです。**他の人に経営をいつ譲ってもOK、これが仕組み化の究極のゴール**です。

従業員さんたちが、自分たちで組織を回せて、自分たちで戦略、戦術を考えて成果を上げていくことができたら、役員報酬の高い経営者がクビになってもいいですね（笑）。私がセミリタイアしたのは、この最終段階を実行したということです。本音を言えば、私が経営者であれば「もう少し業績は上がるかな」と思うことは今でも時々あります。それでも、2023年6月期は、私が代表取締役時代に記録した売上、経常利益を二代目の新井英雄社長があっさり更新してしまいました（苦笑）。もちろん、増収増益のお膳立てをして辞めたという前提はありますが、**「吉川さんがいなくても、自分たちだけで大丈夫だ！」と新井英雄社長はじめ幹部、社員の皆さんは大きな自信になったと思います。**

会社を仕組み化しておけば、事業承継しても安心♪

経営者同士で、本音でお酒を飲んで話すと、しょっちゅう出るのが**「今後の自分の進退」**です。いろんな経営者の本音の相談を受けてきた私の経験からすると、大きく二つに分かれます。

「やっぱり俺たち、経営が好きだし、仕事が好きなんだよなあ。社長を辞めたら、次にやりたいことなんて思い浮かばない。**一生現役でいこう**」という経営者のタイプが一つ目です。もう一つのタイプが、「一体このあと何年、社長業をやるんだろう。毎年ジェットコースターみたいな業績に一喜一憂して、社員を採用しては、社員とのコミュニケーションに苦労して。**できることなら、早く社長を譲りたい**」という経営者のタイプです。

一生現役タイプも素晴らしいし、早くリタイア志向タイプも素晴らしい。私が言いたいのは、**どちらを目指すにしろ、仕組み化経営を進めておけば、いつでも、どちらのスタイルにも振れるということです。**一生現役タイプの社長も、仕組み化経営を進めておけば、いつ自分に健康上の不安があっても、会社は回ります。リタイア志向の社長こそ、仕組み化経営を進めておけば、社内外から自分の後継社長に引き継がせることができます。

プリマベーラの二代目社長の新井英雄は、どちらかと言えば優秀なサラリーマンタイプです。システムに則ってきっちり手堅い経営をするタイプです。彼のような**手堅い社長にバトンタッチをするときには、仕組み化経営はドンピシャです。**彼が社長業を全うしてくれるおかげで、私はライフワークのゴミ拾い・上機嫌を日本各地をふらふらしながら、多くの人に伝えることができるのです♪

第2章

成果を出す「決定サイクル」の考え方

執筆：松田幸之助

#「決定サイクル」こそが成果を出す仕組みの基本

●経営を四つの必須項目に分解する

プリマベーラでは、「経営には四つの必須項目がある」と考えています。

【経営の必須項目】

- **報告（報告の仕組み……第３章）**
- **決定（決定の仕組み……第４章）**
- **実施（実施の仕組み……第５章）**
- **チェック（チェックの仕組み……第６章）**

当社ではこの4項目をPDCAサイクルのように高速回転させ、成果を生み出しています。私たちはこのサイクルを**「決定サイクル」**と呼んでいます。

決定サイクルは、当社のセミナーでも必ず解説しており、多くの経営者から、「非常にわかりやすかった」「経営の課題がどこにあるのかがわかった」などの感想をいただいています。ある経営者は、私たちの決定サイクルの理論をそのまま、プリマベーラのライバルのセミナー会社の講演で話をして、「素晴らしい」と大絶賛を浴びたそうです(苦笑)。それもそのはずです。この決定サイクルこそ、プリマベーラ流仕組み化経営の核心的な部分だからです。

私たちは、

「報告・決定・実施・チェックの精度を高めれば、必ず成果につながる」と確信を持って経営をしています。

本書では、今まで弊社のセミナーにご参加いただいた約400社の企業様にのみお伝えしていた、**プリマベーラの仕組み化経営の中でも〝ノウハウ中のノウハウ〟の決定サイクルの仕組みを章ごとに分け、できるかぎりわかりやすく、そして「すぐにマネできる」ようにお伝えします。**

【決定サイクル】

報告があるから決定ができ、決定があるから実施できる。実際に実施したかどうか、実施した結果はどうだったかをチェック・改善して、次の報告につなげる。

①日報やチャットワーク（クラウド型ビジネスチャット）などのツールを使って、現場から「報告」を集める。経営にとって大事なお客様に関する情報を吸い上げる。

⬇

②集まった報告、情報をもとに、会議の場で「次に起こすべき行動・実施する方針」を「決定」する（決定の重要度が低いものは会議に通さず、上長や各部門

で決定する場合もある)。

③決定した方針を全社員、全店舗で「実施」する。

④「やるべきこと」がきちんと実施・実行されているかを「チェック」する。実施した結果を次の「報告」につなげる。成果が出たことは続行、出なかったことは改善または中止する。このサイクルを回し続けることで、決定と実施の精度が上がる。

【決定サイクル事例①】

●報告/従業員から「買取マニュアルを変更してはどうか」との提案報告が届く。

↓

●決定/会議で社長が「買取マニュアルを変更する。買収金額はいくらです」と決定する。事業部長、エリアマネージャーがチャットワークで、Google ワークスペース上（グループウェア）にある「買取マニュアルの修正」を通達する。

↓

●実施／全店で買取マニュアルを修正し、買取マニュアルに基づき買取をする。

↓

●チェック／「修正が全店終わったか」と「修正後の結果」をチェックする。

↓

●報告／「金額が変わっても買取成約率はとくに変わらない」という報告が集まる。

↓

●決定／「買取マニュアルの変更と金額の改訂を今後も続ける」という決定をする（経営計画書に、方針として明記する）。

【決定サイクル事例②】

●報告／新型コロナウイルス感染症に関するさまざまな情報が現場から上がる。

↓

●決定／現場の状況をみて、プリマベーラ独自の「社内コロナアラート」（感染警戒レベル／危険度）を明確化する（警戒レベルは5段階。段階ごとに具体的な感染対策を指示する）。コロナの感染状況を踏まえ、2週間に一度、警戒レベルを見直す。交通信号に沿って、危険度を視覚的に判断できるようにする。

緑……平時

黄色……警戒時

赤色……非常時

↓

●実施／社内アラートに則った感染対策を実施する。

↓

●チェック／エリアマネージャーが「対策がなされているか」を現場に出向いてチェックする。環境整備点検時（284ページ参照）にも、決定が守られているかをチェックする。

このように考えると、皆さんの会社のほとんどは「報告→決定→実施→チェック」という枠組みで仕事を進めているのではないでしょうか？　複数人で働く組織であれば、多かれ少なかれ決定サイクルに基づき会社は回っています。そして決定サイクルを円滑に回すほど、高速回転で会社で実験が繰り返され、成果が出ます。**つまり、決定サイクルこそが、組織の成果を左右すると言っても過言ではないのです。**

「決定サイクル」が組織の成果を左右する

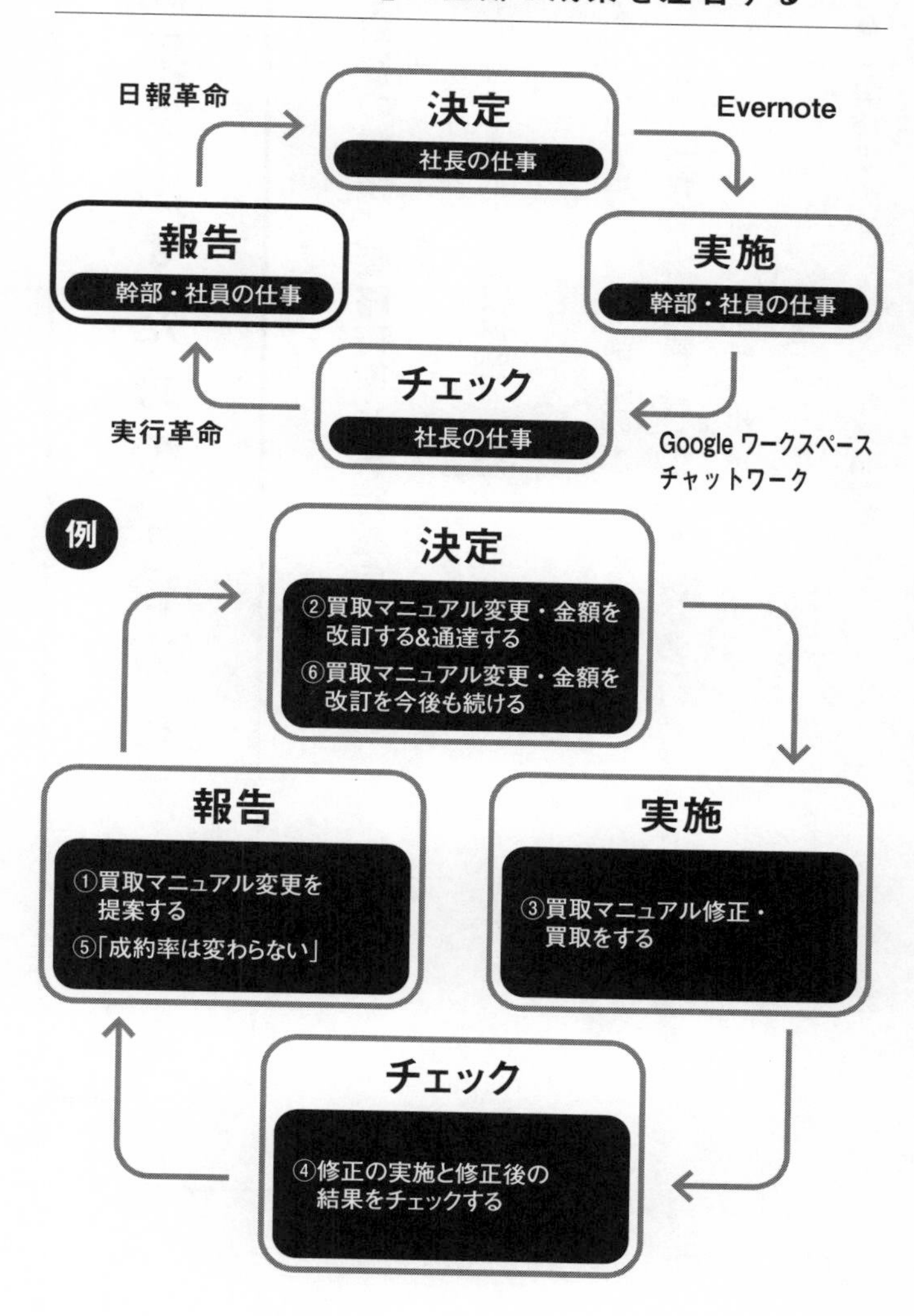

成果を出すための業績方程式

●会社の業績＝戦略確率×実行確率

決定サイクルを他の切り口から考えると、大きく二つに大別できます。

●「報告→決定」……戦略確率
会社の「戦略確率（戦術確率）」を上げるための2項目。経営目的を達成するための方策（仕組み）全般を決定する。

●「実施→チェック」……実行確率

会社の「実行確率」を上げるための2項目。会社の決定を実行に移す。実行の成果をチェックする。

多くの企業がPDCAサイクルを経営の基本として採用しています。個人の仕事であれば、PDCAを回すので十分でしょう。しかし、組織のサイクルとして考えると、「決定サイクル」を行うほうがはるかに「成果」につながります。

なぜならば、**会社の業績は、トップの戦略確率と社員の実行確率の掛け算で決まるからです。決定サイクルの主体が明確に違うのです。**

「報告→決定」でトップの戦略確率を高め、
「実施→チェック」で社員の実行確率を高める。
このように、戦略確率と実行確率を上げることが業績アップに直結するのです。

【会社の業績をあらわす方程式】

会社の業績＝戦略確率×実行確率

◎戦略確率を上げる

戦略確率を上げるポイントは、

「報告の量と質を上げる」

「決定の量と質を上げる」

の二つです。

ポイント① 報告の量と質を上げる

▼「量を上げる」……お客様の声を知って決定した方針と、知らずに決定した方針、どちらが成果につながる確率が高いかと言われれば、「知って決定した方針」です。

「一人のお客様の声」を受けて意思決定する場合と、「1000人のお客様の声」を受けて意思決定する場合では、後者のほうが決定の精度、確度は高くなります。言い換

えれば、経営戦略の確率を高めるには、報告が不可欠だということです。

ですから、プリマベーラでは、報告の量を人事評価と連動させています。お客様の声やライバル情報、業務の改善提案などの報告の回数が少ないと評価が下がる仕組みです。

前述したように、プリマベーラの「仕組み化」は、やらざるを得ないシステムになっているわけです。

たとえば、管理職が報告を怠ると、「自分の評価」が下がるだけでなく、部門全体の評価も下がります。店長の報告が規定回数を下回れば、そのお店に所属するアルバイトの評価が下がります。エリアマネージャーの報告が規定回数を下回れば、管轄下の全店長の評価が下がります。連帯責任ですね（苦笑）。

自分に甘い人でも「自分の行動が、まわりの人にも影響する」ことがわかると、頑張れるわけです。まさに「やらざるを得ない仕組み」ですね。

さらにプリマベーラでは、**「成果を出すためには、頭の中に棚をつくる必要がある」**と考えています。

頭の中に棚をつくるとは、

- **「成果を出すものの見方・考え方を知る」**
- **「成果を出すフレームワークを覚える」**

ことです。

そして、成果を出す「考え方」の一つが、**「D・W・M・Yによる情報・思考の整理」**です。

物事をD（デイリー・毎日）、W（ウィークリー・週）、M（マンスリー・月）、Y（イヤリー・年）に分けて考えるのです。

報告するときも、D・W・M・Yに分けて報告する決まりです。

報告には、「すぐに意思決定ができる軽い報告」もあれば、「すぐには決められない重たい報告」もあります。

情報の重要度を加味せずに一緒くたに扱うと、仕組みがうまく機能しない状態に陥ります。だからこそ、D・W・M・Yに分けて考えることが重要です。

【プリマベーラ流　報告のD・W・M・Y】

D……日／日次の報告↓日報革命（プリマベーラの自社ツール／第3章で詳述）やチャットワーク
W……週／週次の報告↓ウィークリーレポート（週報）
M……月／月次の報告↓店長会議、部門会議、面談、飲み会、さし飲み、プロジェクトミーティング
Y……年／年次の報告↓経営計画書アセスメント会議

▼「質を上げる」

報告のツールを「緊急度、重要度」に応じて使い分けることで、報告の質を上げます。

・「緊急ではないけど重要なこと」……「日報革命」を使って報告（改善提案やお客様の声、自分の考えなど）

・「緊急で重要なこと」……「チャットワーク」を使ってリアルタイムで報告（すぐに対応しなければならない事案など）

ほとんどの企業に、アナログであれデジタルであれ、お客様からの問い合わせやクレームといった「緊急で重要なこと」を社内共有する仕組みがあると思います。

しかし、「緊急ではないけど重要なこと」を「報告できる仕組み」や「報告できるツール」を持つ企業は少ないのではないでしょうか。

プリマベーラでは、経営計画書の経営方針に、「種まき経営をする」と明記しています。種まき経営とは、「短期的な成果（刈り取り）」と「長期的な成果（種まき）」を同時並行で行うことです。

「緊急で重要なこと」は、どちらかといえば短期的な成果「刈り取り」です。刈り取りももちろん重要ですが、企業を継続的、長期的に成長させるには、種をまき続ける必要があります。「緊急ではないけれど重要」な「種まき」を怠れば、中・長期的な成果が出ない状態になります。

そうならないために、私たちは意図的に「緊急ではないけど重要なこと」を「集める報告の仕組み」を設けています。

「緊急ではないけど重要なこと」を「報告」できる日報の仕組みがあることで、プリマベーラは中・長期的な経営計画が可能になっています。

プリマベーラに、元美容師の萩原隆介（はぎわらりゅうすけ）という幹部がいました。
彼は美容師時代に**「シザー（美容師のハサミ）の売り買いができる場所」**があるといいと考えていました。プリマベーラに入社後、そのことを日報で吉川に提案したところ、「面白いね」と、事業化の採用が認められたのです。
その結果、「シザー事業部」は中古シザーというニッチな業界で、トップシェアを取ることができました。まさに「長期的な成果の種まき」が成功した事例です。萩原は、プリマベーラでの経験をもとに、実家の事業を継ぐため、卒業しましたが（苦笑）。

このように、「緊急ではないけど重要なこと」を報告する仕組みが、未来の成果につながります（本書では「成果につながる報告の仕組み」について、第3章で詳しく解説します）。

ポイント②　決定の量と質を上げる

「会議の効率化」により、迅速かつ効果的に意思決定を行います。

「会社は決定で決まり実施で変わる」

武蔵野の小山昇社長の名言です。

会社経営における決定の場は、多くの場合「会議」です。したがって、

「会社は会議で決まる」

と言っても過言ではありません。

多くの企業で、「会議は無駄だ」「会議の時間が長すぎる」と、会議が悪のように捉えられているのは、会議の目的を明確にしていないからではないでしょうか？　そして、会議を最適化していないからではないでしょうか？　プリマベーラでは、目的に応じた「成果の出る会議」を行っています。

ちなみに、プリマベーラの経営コンサルティングで人気なのが「成果の出る会議術」シリーズです。数々の会議を仕組み化・体系化してきました。ご希望の会社さんには、そのノウハウも公開しています。

◎実行確率を上げる

会社の業績を上げる、かけ算のもう一つは、実行確率です。その実行確率を上げるポイントは、次の四つです。

①**「何をやるか」を明確にする**↓タスク化する、チェックリスト化する、経営計画書の方針化をする。

②**「いつまでにやるか」を明確にする**↓カレンダー化する、デッドラインを決める。

③**「どのようにやるか」を明確にする**↓マニュアル化をする、動画化する。

④**「なぜやるか」を明確にする**↓経営計画書の解説、ベクトル勉強会で伝える。

たとえばプリマベーラでは、経営のOSである「環境整備」の実行確率を上げるために、次の四つを明確にしています（環境整備については、第6章でも説明）。

①「なぜやるのか」

「刻々と変化する環境に対応する感性を磨く」ため。

②「何をやるか」

心が荒まないように、場を清める。
上機嫌で仕事がやりやすい環境を整えて備える。
お客様が気持よく買い物できるように清掃する。
お客様が安心して来店できるように、作業計画表に基づき、換気・除菌する。

③「どのようにやるか」

整理／整頓／清潔／礼儀／規律を習慣化する。

【具体的な実施内容】

◎整理

・使っていないもの、使ってない見える化を必要最小限度まで捨てる。３０００円以上のものを捨てる場合は、業態幹部に稟議を通す。
・「要不要」は「使っている」か「使ってない」かで、過去6カ月の使用状況で判断する。
・倉庫在庫の処分は事業部長の許可を得てから行う。

◎整頓
・ものを置くときは、向きを揃える。定位置管理と見える化をする。
・使用頻度で常時、随時、一時に分け、置き場を決める。

◎清潔
・環境整備点検シートの変更に応じて作業計画表を変える。
・本部、各店、テレワーク全て、作業計画表に基づき、決められた分数を行う。
・定期的に、清掃業者に依頼してポリッシャーで店舗の床・窓を磨く。
・お客様の主導線、トイレを重点的に清掃する。

◎礼儀

・礼を正す。0・1秒の静止をする。

・本部では、足型に合わせて90デシベル以上で挨拶する。

◎規律

・時を守る。3分前集合を行動の基本とする。

・決められた方針は全員が守る。リーダーはメンバーが納得するように方針を説明する。2分以内にできることは、その場で実行する。

④「いつまでにやるか」

・カレンダーに基づき、環境整備点検を年12回行う。うち4回は、スピード環境整備点検とする。

このように、なぜやるのかという目的からはじまり、何をやるか、どのようにやるの

か、いつやるのかというフレームワークで方針をつくることで、実行確率が飛躍的に高まります。逆を言えば、

①何をやるかが明確でないから実行できない
②いつまでにやるかが明確でないから実行できない
③どのようにやるかが明確でないから実行できない
④なぜやるかが明確でないから実行できない

この①から④のどれかが原因だから、実行できないのです。であれば、できない原因をつぶしていく。これが経営でやるべきことです。

●報告の精度を上げることで、決定の精度が上がる

「年間2・7兆円と言われる市場規模の、日本のリサイクルショップ業界を、草分け時代からつくった男」といっても過言ではない、リユース業界専門のコンサルタント、「株式会社A－DOS」の福本晃(ふくもとあきら)社長は、**「報告の重要性を高くしている点が決定サイ**

クルの一番のポイント」と、当社の仕組みを評価しています。

「決定サイクルが優れているのは、報告のレベルに比例して決定のレベルが上がる点にあると思います。プリマベーラさんでは、情報精度の高い現場情報によって決定が行われるため、**現場と経営幹部の間に方向性のズレがありません。**

リユース業は基本的に『現場主権』であり、『仕入れも現場、値付けも現場』というビジネスモデルです。それゆえに、現場での的確な判断力が求められる業態であります。

現場で起こった成功や失敗の情報を経営幹部に『精度を高く報告する』ことによって、決定の精度も高くなります。その結果、誤った意思決定になりにくいわけです。

通常のPDCAサイクル（計画→実行→評価→改善）と比較すると、『計画』は、決定サイクルの「決定」に当たります。

PDCAサイクルでは、計画の精度が低いと、実行しても成果につながらないことがあります。一方で決定サイクルでは、『報告のレベルが上がれば計画（決定）の精度も上がる』ため、成果に結びつきやすいのです。

また、決定したことが実際に実行・実施されているかをチェックする仕組みもあります。**『言いっぱなし、やりっぱなし』がないため、『継続するのか？　中止するのか』を数値で検証できる部分も優れていると感じます」**（福本晃社長）

私たちの言葉で言えば、**まさに「報告なくして決定なし」**なのです。

社長の仕事は「決定」と「チェック」
社員の仕事は「実施」と「報告」

●社長には利益責任が、社員には実施責任がある

プリマベーラでは、

「社長には利益責任が、社員には実施責任がある」

「社長の仕事は『決定』と『チェック』、社員の仕事は、『実施』と『報告』である」

と明確化しています。これを耳にタコができるくらいに、現場の従業員さんにも伝えてきました。

・利益責任……長期的な視点で、「どうすれば利益が出るか」を考え、方針（戦略）を

決定する。自分が決めた方針を実行させるとき、それによって発生するかもしれない損害に対して、全責任を負う。会社の中で「利益責任」を取れるのは、社長ひとり。

・実施責任……社長の決定、方針を実行に移す。社長や幹部社員が方針を決定する上で必要な情報を報告する。

カラダにたとえると、頭の部分を担当するのが社長と幹部、手足の部分を担当するのが社員です。頭と手足、両方がかみ合って、会社は前進します。組織は複数で運営します。つまりは、アタマとカラダがバラバラなのです。だからこそ、**アタマの機能とカラダの機能を別々に明確に分けて考える、決定サイクルのほうが、役割が不明確なPDCAサイクルよりも成果が出やすいわけです。**

2019年の経営計画発表会で、当時社長だった吉川は幹部、社員に対し、「お客様の声をもっと報告してください」

とお願いをしました。

ところが、経営計画発表会が終わって数カ月経っても、「お客様の声」は増えなかったのです。

しびれを切らした吉川は、**「このままお客様の声が増えなければ、賞与を減額します」**と宣言しました。

とはいえ幹部・社員の多くは、本気にしなかった。「吉川さんは優しいから、そんなことしないでしょ」「売上も利益も好調だから大丈夫でしょ」と高をくっていたのです。半期が終わった段階で、売上も利益も好調。社員全員が「過去最高の賞与」が支給されるだろうと期待していました。

ところが吉川は、「賞与の減額」を実行したのです。

幹部も社員も、過去一番の驚きを見せました。

「えっ？　なんで？　売上絶好調でしょ？」

吉川はこう続けました。

「売上と利益が好調だったのは、皆さんのおかげです。本当にありがとうございます。

本当は、『過去最高の賞与』を支給したかった。しかし社員の皆さんには、『実施責任と報告責任がある』と、常々お願いしていたはずです。それなのにお客様の声は増えませんでした。なぜなら、皆さんが報告責任を怠ったからです。

この状況下（社長の方針を実行してくれない状況下）で、過去最高の賞与を支給することはできません。

ただし、今回減額した分の賞与は、次の半期で皆さんがしっかりと『実施と報告』をしてくれたら、次の賞与に上乗せしてお返しします」


結果的には、次の半期は、報告量がグンと増え、売上・利益とも好調な結果を残すことができたため、減額分の賞与が上乗せして支給されました。

吉川が**これほどまでに「実施と報告」にこだわったのは、現場の声の収集が経営の生命線になるとわかっていたからです。**

戦略がよりよいものになれば、会社の業績は上がります。そして戦略の内容は、社員の報告の量と質で決まります。

ただし、戦略を立てただけでは、会社は変わりません。仮に100点満点の戦略を立案しても、社員が実施しなければ、結果は「0点」です。

戦略確率（100点）×実行確率（0）＝ 会社の業績（0点）

会社を変えるのは「実施」「実行」です。社員が方針を実行し、実施責任を果たすことで業績は上がります。

●実行の度合いを人事評価制度と連動させる

繰り返しになりますが、**どんなに優れた「成果の出る仕組み」があったとしても社員が「実行」してくれなければ成果は出ません。**

成果の出る仕組みは必ず**「社員に実行してもらう仕組み」**とセットで考えることが必要です。その中でも最も効果的な方法は**「人事評価制度と連動させる」**ことです。社員の一番の関心事は、自分の給料、賞与、つまりは年収です。だからこそ、**その年収の増減と実行確率を明確に紐付けるのです。**

プリマベーラでは、実施度合いを人事評価制度と連動させています。「やれば評価が上がり、やらなければ評価は上がらない」仕組みです。

・お客様の報告回数が少なければ評価が下がる
・仕事の期限を守れなければ評価が下がる
・日々の環境整備を怠れば評価が下がる
・朝礼や勤務態度が悪ければ評価が下がる
・遅刻や欠勤をすると評価が下がる
といった評価ルールが明確化されています。

仕組みはあっても社員が実行してくれないというご相談をよくいただきますが、その原因のほとんどは「やらざるを得ない仕組み」がないことが原因でした。

まずは仕組みの実施を「人事評価制度に紐付ける」ということを取り入れてみてください。

驚くほど仕組みの実行確率が上がります。

プリマベーラも多くの企業、コンサル会社から人事評価の仕組みをマネして導入してきました。なかなか、ピッタリはまるものがなかったのですが、人事評価の仕組みも最適化を繰り返し、「プリマベーラ流人事評価の仕組み」を構築しました。今では、**「他社でうまくいかなかった」人事評価システムの最後の駆け込み寺**のようになり、多くの会社さんに喜ばれています。

決定サイクルを高速回転させて、時代の変化に「即対応」する

●決定サイクルを高速回転させる

決定サイクルの「報告→決定→実施→チェック」の四つの要素の精度を高め、高速回転させることができれば「業績は必ず上がる」と私たちは確信して決定サイクルを磨き上げ、高速回転をさせています。

「月に一度しか決定の場を持たない会社」と、「毎日、決定サイクルを回している会社（＝プリマベーラ）」では、あきらかに後者のほうが、時代の変化に対応できます。なぜなら、お客様のニーズやライバル会社の動向をいち早くつかんで、すぐに対策を練

ることができるからです。

プリマベーラでは、従業員の報告（日報）が毎日500件以上、上がってきます。実に年間18万2500件！　この膨大な「情報」をもとに、毎日、社長、事業部長、部長が、戦略・戦術を決定しています。

決定した内容を社員がすぐに実施し、成果を検証しました日報で報告する。

このように決定サイクルを高速回転させることで、ライバルよりも圧倒的に「実行・実験」を繰り返しているからこそ、14期増収増益という成果が出ているというわけです。

次の章から、具体的に決定サイクルの一つひとつの要素をどのように考え、取り組んでいけば成果が出るのかを解説していきます。

第２章のポイント

●「決定サイクル」とは、経営の必須項目である「報告」「決定」「実施」「チェック」を高速回転させること。報告・決定・実施・チェックの精度を高めれば、必ず成果につながる。

●「会社の業績＝戦略確率×実行確率」。戦略確率を上げるには、報告と決定の「量＆質」を上げる。実行確率を上げるには、「何を、いつまでに、どのようにやるのか」「なぜ、それをするのか」を明確にする。

●社長の仕事は「決定」と「チェック」。社員の仕事は「実施」と「報告」。

●成果の出た仕組みは「横展開」→「方針化」する。

コラム

社長として戦略確率と実行確率を高めるには?

執筆:吉川充秀

経営を方程式化する!

「**プリマベーラさんの仕組み化コンサルってわかりやすいよね**」とよく言われます。それもそのはず。前述したように、私は物事をとにかくシンプルに考えるのが大好きです。一見難しい事象を、誰でもわかる平易な言葉にまとめあげるわけです。あまりに単純化をするので、以前に、とあるセミナー会社にうかがったときに、嫌われてしまいました(苦笑)。私が「結局、御社が10日間で教えている内容って、この三つですよね?」と単純化したら、セミナーのトップの社長が血相を変えて否定してきました(苦笑)。私には、**シンプルな三つのことをものすごく複雑にして権威化してアカデミッ**

クにしてセミナーの時間を間延びさせたようにしか見えなかったからです。後日談ですが、この会社さんからは時々、セミナーのゲスト講師として呼ばれていたのですが、この事件以来、私は出禁を食らってしまい、お呼ばれされなくなりました（苦笑）。

さて、**そのシンプル化の一つが、方程式化です。**企業の業績を上げるには、ぶっちゃけ、どうすればいいのか？　**仕事ができるビジネスマンは結論ファースト**で話します。なので、私たちも、もったいぶらずに、単刀直入に方程式でお伝えします。

その一つが**「会社の業績＝戦略確率×実行確率」**というものです。シンプルに言えば、どんないい戦略を社長が立てても従業員さんが実行しなければ、会社の業績は上がりません。また、20点くらいのイケてない戦略でも従業員さんが１００％実行すればそれなりの業績は上がるということでもあります。

アカデミックな経営の本を読むと、「オペレーショナル・エクセレンス」（業務プロセスの卓越さ）というなんとも小難しい横文字が登場します。もはや、「意味ワカメ」状態ですね（苦笑）。私たちがわかりやすくシンプルに翻訳するなら、**これこそが実行確率**です。日本語で、シンプルに「実行確率を高める」と言えばすむことを学者の先生は遠回しに伝えて、権威性を高めることが多いように思います。**私たちは学者ではなくて、実務家ですから、「成果が出る考え方」をサクッとおおまかに理解し、それを即実践するほうがよっぽど成果が上がります。**

社長としてやるべきは、自身の戦略確率を上げること

こう考えると社長としてやるべきことは二つです。まずは、**自分自身の戦略確率を上げる。**それには、決定サイクルのところで述べたように報告が必要です。つまりは、情報の質と量を上げる必要があります。

情報の質の一例を見てみましょう。情報の質を、**「事実」と「意見」というフレームワーク**で考えるとわかりやすいですね。「お客様の声」「数字」「ライバル情報」は事実です。「こうしたほうがいいのではないか」という従業員さんの提案は意見です。**独りよがりの経営をしているところは、後者の「意見」を中心に意思決定してしまいます。するとと多くの場合、「お客様不在」になりがちです。お客様第一主義とはほど遠い経営**

になります。

だからこそ、日々、私たち経営陣や幹部は日報で、現場の従業員さんからの、お客様の声、ライバル情報のシャワーを浴びます。お客様の声を一日10個でも読み続けたら、実に年間3650、5年間で1万8250のお客様の声のシャワーを浴びることになります！　これだけ浴びたら、**お客様第一主義にならないわけがありません。**そして、**「お客様の声」という客観的事実に基づいた戦略や戦術は、「意見をもとにした」戦略・戦術よりも当たる確率が当然ながら高くなります。**

お客様の声に基づき、トイレを貸し出しただけで……

日報を導入したばかりの頃、ビデオショップの利根書店のお客様の声を読んでいると毎日のように「トイレ貸してください」という声が上がっていました。「現場は、こんな声しかあげられないのか」と、私は内心イライラしていましたが、あるとき気づきました。**これだけお客様の声が多いということは、逆にトイレを積極的に貸し出し**

て、お客様がお店に入る理由にしたら客数が増えるのではないかと。

当時のビデオショップの常識は「万引きが増えるからトイレは貸さない」というものでした。ところが、プリマベーラの利根書店は環境整備を導入して、当時はトイレを毎日素手でピカピカに磨いていました。そこで、**私は道路沿いに「トイレ貸します」というのぼり旗を全店舗に設置し、店内アナウンスで「ピカピカトイレ貸し出します」と宣言しました。**さて、宣言してしまったから大変です（笑）。現場の従業員さんは、トイレ掃除をさぼることができなくなりました。何しろ30分に一回「ピカピカトイレ貸し出します」と店内に**自動アナウンスがこだまする**のですから（苦笑）。これも、**やらざるを得ない仕組み化の一つ**ですね。

結果、どうなったかというと、入店客数はなんと前年比１０５％！　しかも利根書店は入店すれば購買率70％を誇るお店です。男性がムラムラして何か買いたくなっちゃうお店です（笑）。お客様の多数の声を聞いて、逆に集客に使うという逆転の発想で、既存店売上をこのあと7年ほど毎年伸ばし続ける原動力になりました。当時の事業部の年商は15億円。売上は３％ほどのアップだったので、実に年間４５００万円、粗利で言えば年間で2700万円の成果が出たことになります。**「事実」であるお客様の声に則ると、こんな大きな成果をもたらすこともあるのです。たかがトイレで！**

ルームランナーにパソコンを貼り付けて仕事をする変態ぶり

仲間の社長から、「吉川さんは変態だ」とよく言われます。その変態たるゆえんは私の仕事のスタイルがその一つです。私がバリバリの現役社長だったころは、朝早いときは4時半に起床して、眠い目をこすりながら、自宅の防音室内にあるルームランナーに向かいます。そこで、坂道の角度を上り坂5度に設定して、時速6・5キロで汗ダラダラになりながら歩くのです。

実は「ただ歩く」ことが苦手なので、ノートパソコンをルームランナーにガムテープで貼り付けて、従業員さんの日報を読みながら毎日40分ほどウォーキングをしていました。実は**この習慣こそが、社長の戦略確率を高めるためのもの**です。**現場からの膨大な情報のシャワーを、もっとも脳が活性化してエネルギーが高い朝の時間に浴び**

て、アイディアをひねり出す。しかも運動をすると脳はさらに活性化すると言われます。そして、ひねり出したアイディアのうち、簡単なことはその場で意思決定して、指示してしまいます。ルームランナーを降りて、朝6時ごろに、チャット上で片っ端から、まだ寝ているであろう事業部長や部長に指示を飛ばします。やっぱりかつての私は変態ですね（苦笑）。

現役社長時代の私の午後のルーティン

朝のこの段階で、「報告→決定」という自身の役割である「戦略確率を高める」仕事が完了しています。**社長の究極の仕事は「決定」ですから。**さて、**残った膨大な一日の時間を何に使うか。それが実行確率を上げること**です。**現役社長時代は暇さえあれば現場のお店に行きました。お客様がいない本社に行っても稼ぎになりませんが、お客様がいる現場に行けば稼げるネタの宝庫です。**社長が頻繁に現場に来ると、**「チェック」をします。**私が飛ばした指示を現場の従業員さんがやっているかどうか、現場を自分の目で見に行くわけです。**これだけ頻繁に来ると、従業員さんも「やらざるを得なく」なり、実行確率が上がるのです。**

「実行確率を上げるためにはどうしたらいいですか？」とよく聞かれますが、一つの解は、社長自身が現場に行って自らの目でチェックすることです。従業員さんに緊張感が走って、実行確率がイヤでも上がります（笑）。

さて、午後を店舗回りに使ったら、夕方以降は何をするかというと、教育とコミュニケーションにあてていました。**「この方針はなぜやるのか」というベクトル勉強会**を店舗に出向いて出張勉強会を開催します。それが終わると、**18時以降は従業員さんとの飲み会、コミュニケーションタイムです。**私が現役社長時代も40店舗ほどありましたが、各店舗の社員さん、アルバイトさんたちともトップ自ら、食事をしてお酒を飲み、彼らの話に耳を傾けるわけです。

すると、ほとんどの社員さん、アルバイトさんが**「こんなに社長との距離が近い会社ははじめて。３００人も従業員がいる会社で社長自ら、お酒を飲んで、話を聞いてくれるなんて。しかも、めっちゃ褒めてくれるし」**と思ってくれて、何割かは吉川ファンになってくれます（笑）。実は、今だから明かしますが、**これすらも実行確率を上げる仕組み**です。**「なぜやるか」を社長自らの肉声で伝えて、コミュニケーションをすることで、情を築き、「会社のために頑張ろう、社長にまた褒められるために頑張ろう」といざなう**わけです（笑）。

計測されるものは改善される

このように、戦略確率と実行確率を高めるために、行動ベースで何をするかを明確に分解をしてルーティン化していくと、自ずと戦略確率も実行確率も高まってきます。

理想は実行確率100％の会社を創ることです。私たちの会社では、**実行確率のことを「マネジメントトレベル」とも呼んでいます。**マネジメントトレベルが高い会社は、ある意味、軍隊です（苦笑）。ところが私たちは、**成果と幸せを両立した経営を行っていますので、会社から与えられた義務をやりきってもらうだけでなく、従業員さんたちの自由裁量も尊重しています。**こんな**バランスも、疲弊せずに実行確率の高い組織を**

つくっていくうえで、重要な仕組みと言えそうです。

さて、実行確率をはかる道具を、皆さんの会社はお持ちでしょうか？　私たちは、**この実行確率を数値化したくて、「実行革命」（第６章で詳述します）というソフトをつくって、自社の実行確率を数値化しています。**なぜ、数値化にこだわるのか。それは、**「計測されるものは改善される」という経営の原則がある**からです。自社の実行確率が70％だとわかれば、80％、90％と目標設定ができます。目標設定をして問題点を浮き彫りにすれば、実行確率は改善されます。

仕組み化は、**経営の言語である「数字」を使うからこそ、ブラッシュアップされる**わけです。ちなみに言えば、**報告の点数は日報革命で算出することができます。**会社や事業部の業績が下がったときに、**実行に問題があるのか、報告に問題があるのか、プリマベーラではははっきりわかるようになっているわけです。こんな科学的経営をすることが、仕組み化経営において重要になるのです。数値化すれば、誰もが判断できますから。**

第3章

なぜ「日報」で成果が上がるのか？

執筆：松田幸之助

「日報」こそ、経営情報の宝庫である

●決定サイクルは「報告」を起点に回りはじめる

決定サイクルの中で、成果に直接結びつくのは、「実施」です。仮に100点満点の方針を打ち立てたとしても実施しなければ、成果は出ません。

では、実施する方針・決定は、どのような情報をもとに決められるのでしょうか。

「社長や幹部が社外セミナーで学んだ情報」「新聞・ニュース・本から得た情報」などたくさんありますが、**もっとも重要な情報源が、「従業員から寄せられた現実・現場からの報告」**

です。

何かを決定するときに、判断材料や情報が多いほど、決定の精度は高くなります。判断材料が一つしかない状況での意思決定と、判断材料が100個ある中での意思決定とでは、どちらのほうが「意思決定の精度」が高いかは火を見るよりも明らかです。

プリマベーラでは、意思決定の精度を高めるために「報告」を重要視しています。

なぜならば、お客様のニーズは日々変わっていきます。私たちのライバルも日々変わっていきます。マーケットは刻々と変化しているのです。

だからこそ、日々現実・現場で起きている「情報」が大切なのです。

そして、日々の大切な情報を集める仕組みが「日報」です。

プリマベーラでは、「日報革命」（後述）という独自の日報システムを構築し、フル

活用をしています。


役職が上がるほど現場から離れ、現場の実態を把握できなくなります。

だからこそ、お客様との距離が一番近い「現場の声」を吸い上げる仕組みが必要です。

現場からの報告が少ないと、

「自社のお客様が何を求めているのか」

「お客様はどのような人なのか」

「お客様の不満や不安は何か」

がわからないため、社長の決定が現場と乖離します。


プリマベーラが日報の仕組みを導入したのは2007年です。以来、「日報で成果を出す」方法を考え続けてきました。

日報による報告を重視しているのは、「日報こそ、経営情報の宝庫」だと考えているからです。会長の吉川は「日宝だ」とも言い切っています（笑）。

【日報を起点に決定サイクルを高速回転させる／一例】

・深夜2時／アルバイトが日報で業務改善を提案（報告）

↓

・午前6時／社長が提案を承諾、チャットワークで事業部長に指示を出す（決定）

↓

・午前10時／事業部長がマニュアル化し、全店に業務連絡、横展開

ちなみに、その日の夕方18時に出社してきたアルバイトさんに、店長がこう告げます。

「君の提案が採用されてマニュアルになったよ。君には社内通貨の600円がついたよ。すごいじゃん、やったじゃん！」このスピード感に目を丸くしたアルバイトさんは一人や二人ではありません。当時、社長だった吉川は**「爆速経営」と豪語**していました（笑）。

日々変化する社会情勢に対応するには、現場の声が不可欠です。

お客様の声、ライバル情報、改善提案など、経営層だけでは集めにくい情報を現場の従業員が経営層に届ける。

その結果として、刻々と変化するマーケットに合わせた経営が可能になります。

プリマベーラでは、入社1日目のアルバイトの改善提案が「全社」の方針になることが頻繁にあります。

提案をしたアルバイト自身、「自分の声が経営層に届いたのははじめてです」「アルバイトの声が会社の方針になるなんてビックリです」と声を揃えます。

プリマベーラでは、経営計画書に「日報に関する方針」を明記し、日報の運用の義務化・習慣化を図っています。

現時点での「日報に関する方針」の一部をご紹介します。

【日報に関する方針】※23期 経営計画書より一部抜粋・改編して紹介

1　目的

（1）日報を通じて、経営情報を吸い上げて、会社の成果につなげる。

（2）会社をよくするアンテナを立ててもらい、従業員の成長につなげる。

2　基本

（1）日報の記入を楽しくする。

①日報革命をお金を稼げる最高の暇つぶし社内ＳＮＳにする。従業員の生活の安定につなげる。

②ランキング機能で、従業員が輝く場を多くつくる。

（2）日報の管理を楽にする。

①定量データを自動集計し、日報の量と質の改善につなげる。

②自動集計で、リーダーからの評価の手間を楽にする。

3　運営

（1）就業時間中は、会社からフォロー依頼のあった日報を閲覧できる。

（2）就業時間中は、2分以内に終わるつぶやきは書き込んでよい。

（3）月に一度、事業部別の日報の各種ランキングを日報革命上で公表する。

（4）就業時間中は、改善提案やつぶやきのためにネタ集めをするネットサーフィンは禁止とする。

（5）直属リーダーは、直属メンバーの日報・勉強会感想にコメントを入れる。スタンプでよい。

4　目標

（1）KGI（重要結果指標）

全社の出勤日数に対する日報の平均記入率90％以上。全社日報スコア平均毎月60点以上。

（2）KPI（重要プロセス指標）

日報革命アナリティクス会議を毎月行う。

●日報は、全員経営を可能にするツールである

日報は、「全員経営」を実現するために欠かせないツールです。

全員経営とは、

「現場の声、現場の情報、現場の報告に基づいて意思決定する経営スタイル」のことです。

プリマベーラでは、会長の吉川が全員経営を次のように定義しています。

【全員経営】(参照:『ベクトル用語集第3版』)

「みなさんの報告を吸い上げ、それに基づきトップが決定する。その決定をみなさんが実施して、トップがチェックをする。これが全員経営です。先頭車両だけが機関車

なのではなく、全車両が機関車の経営スタイルです」

会長の吉川は2017年の経営計画発表会にて、「脱カリスマ」を宣言しました。「吉川のカリスマ性」で引っ張ってきた組織を、「全員経営」に変えようと考えたのです。自分自身の影響力のみで動いているワンマン組織に「危機感」を覚えたのだと思います。

そして2023年現在、吉川は社長を退いて、代表取締役も辞して、会長職に就いています。社長を退任できたのは、「全員経営」が実現したからです。

ではなぜ、プリマベーラは「カリスマ経営」から「全員経営」に変えることができたのでしょうか。それは、「再現性ある仕組み」(=誰もが同じ成果を出せる仕組み)が定着したからです。

経営者の多くは、「社長の仕事は特別なので、誰かに引き継ぐのは難しい」「自分が経営の指揮を取らなければ、事業が回らない」と考えがちです。

しかし、「社長の仕事」もごく一部を除けば「再現性ある仕組み」にすることが可能

です。実際に吉川は「社長のマニュアル」を作成し、現社長の新井英雄に引き継いでいます。

先頭車両（＝社長）だけで会社を引っ張ろうとすると、社長の立てた戦略が市場や時代とマッチしなくなった途端、停止、あるいは脱線します。

ですが、全車両（＝全従業員）に動力が備わっていれば、仮に先頭車両が故障をしても、走り続けることが可能です。

アルバイトであっても、

「自分の報告で会社が変わる実感」

「経営に参画している実感」

を覚えるため、自主的に決定サイクルを回すようになります。

毎月3000個以上の改善提案が集まる仕組み

●社内通貨制度で情報を買取る

プリマベーラでは日報革命を通じて、改善提案が毎月3000個以上、お客様の声にいたっては毎月5000個以上集まります。また、ライバル情報が毎月1000個以上と、経営に必要な情報が「膨大」にあがってきます。机上の空論ではない「現実・現場」の「報告」を元に意思決定を行っているのがプリマベーラが成果を出している理由です。

とはいえ、「情報をあげてね」と社長が言ったところで従業員の皆さんは積極的に報告をしてくれません。そこで、日報革命では「社内通貨の仕組み」を取り入れています。

日報革命を通じて「いい改善提案」「大切なお客様の声」「重要なライバル情報」などを報告してくれた従業員に対して、社長や事業部長や店長たちが**「社内通貨」**を発行しています。

プリマベーラでは社内通貨1個に対して300円相当の価値があるので、従業員の皆さんは「お小遣い稼ぎ」という気持ちで沢山の情報を報告してくれます。**実際に一番稼いでいる人は年間で15万円ほど社内通貨を獲得しています。**

社内通貨は情報を集める仕組み

本間 涼介 @ほんまりょうすけ 2023/04/26 (水) 10:59
経営サポート事業部 経営サポート 正社員3G 採用課長 6年5ヶ月
02 博愛
ハコ所持 22
スコア 75.4/100
つぶやき 4回
いいねした 188回
コメントした 40回
サンクス送信 3回

たかしさんの日報から

エバーノート レガシーが提供終了になったと聞いて
実際にエバーノートのサイトをみたらたしかになくなってました。

Excellent!!!!

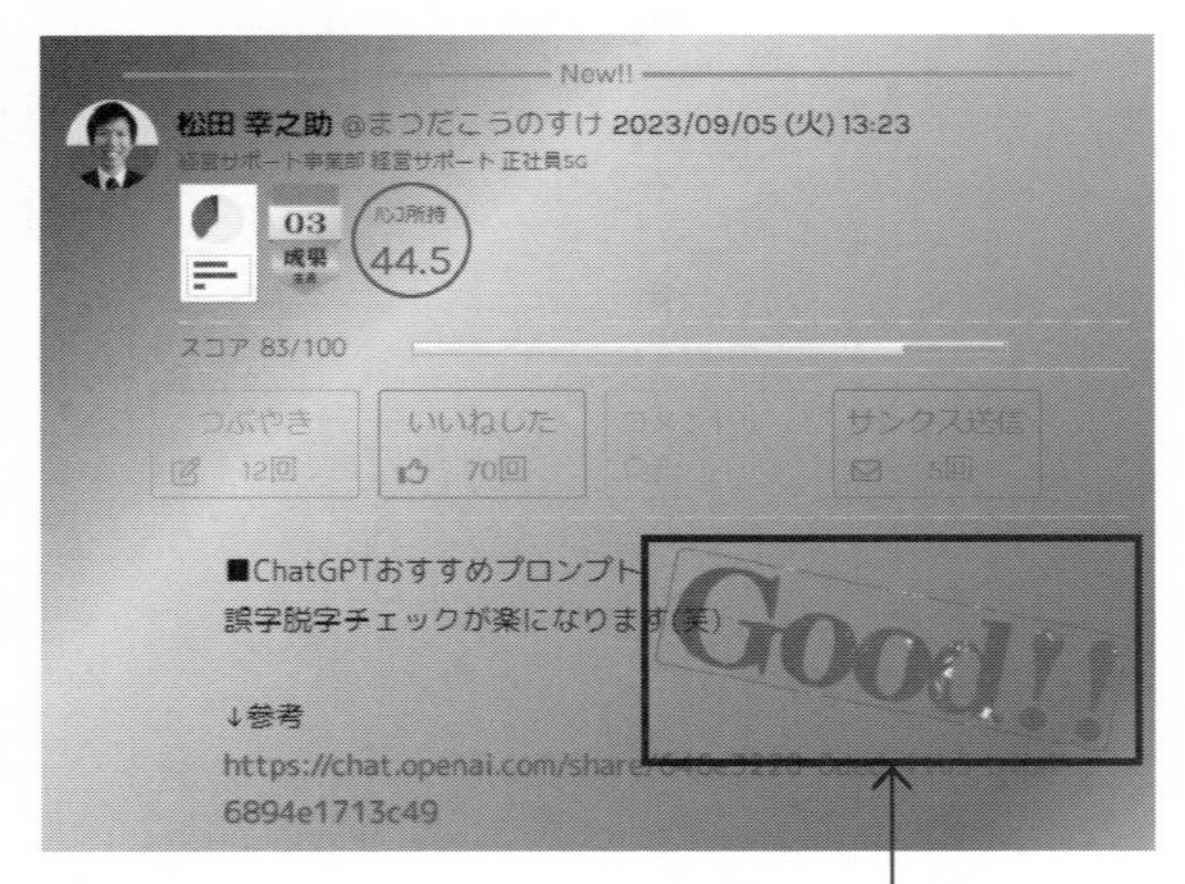

1個につき300円

お小遣い稼ぎで経営に必要な情報が
どんどん上がってくる!

日報を使った成果の出る社員教育の仕組み

●オペレーションワーカーから、ナレッジワーカーへ

プリマベーラでは、「自主的に仕事をしてくれる人」「改善提案をたくさん上げてくれる人」を「ナレッジワーカー（知識労働者）」と呼び、「言われたことだけをやる人」を「オペレーションワーカー（作業労働者）」と呼んでいます。

- **ナレッジワーカー＝能動的に仕事をする。**
- **オペレーションワーカー＝受動的に仕事をする。**

プリマベーラの場合、日報に上げられる改善提案の数などから、**「社内の約40％がナレッジワーカーである」**ことがわかっています。**実に、パート・アルバイトさんを含めて４００名の組織で１６０名が、知識労働者認定されているわけです。**

「自主的に仕事をする社員が多い会社」と、「言われたことしかやらない社員が多い会社」では、前者のほうが業務改善は進み、業績が上がるのは間違いありません。

毎日行う日報という報告の場を、教育の場にすることができれば従業員の即戦力化を行うことが可能になります。だからこそ、**日報は、「ナレッジワーカーを育てる教育の仕組み」**でもあるのです。

パート・アルバイトを含めて400名の中で、「ダントツ一番のナレッジワーカー」は、アルバイトの若旅聡（わかたびそう）です。若旅は、ナレッジワーカーの中でもさらに上位の「スーパーナレッジワーカー」です。超知識労働者です（笑）。

若旅は、1カ月間で「100個以上の改善提案」を上げてくれます。そしてその多くが「会社の方針」になっています。

吉川が初の著書『ゴミ拾いをすると、人生に魔法がかかるかも♪』（あさ出版）を出版したときも、販促方法のアイディアや、ホームページの改善提案を70個近く出してくれました。その甲斐あって吉川の著書は、『Yahoo!ニュース』をはじめ、テレビ出演、イベント出演など、多くのメディアで取り上げていただきました。

プリマベーラの場合、「ナレッジワーカーの約30%」がパート・アルバイトです。アルバイトだからといって、「会社をよくするアイディア」がないわけではありません。「アルバイトのアイディアは社員のアイディアより劣る」わけでもありません。

大切なのは、「社員だから、アルバイトだから」と職責で判断するのではなく、「現場のアイディアを集める仕組み」があるかどうか、ではないでしょうか。

日報で離職を激減させる仕組み

●データドリブン機能で離職予想が分かる

経営者として一番悩むのが「離職」です。
せっかく教育した従業員が退職すると、採用費がかさみ、今までかけた教育費が水の泡になります。

プリマベーラでは2023年現在、正社員の離職率が年平均1~2%と一般の会社の平均13・9%（厚生労働省　令和3年雇用動向調査結果より）に比べて、非常に低いのですが、その理由の一つは「日報革命」を活用して「離職対策」を行っているからです。

日報データに基づいた離職予想の仕組み

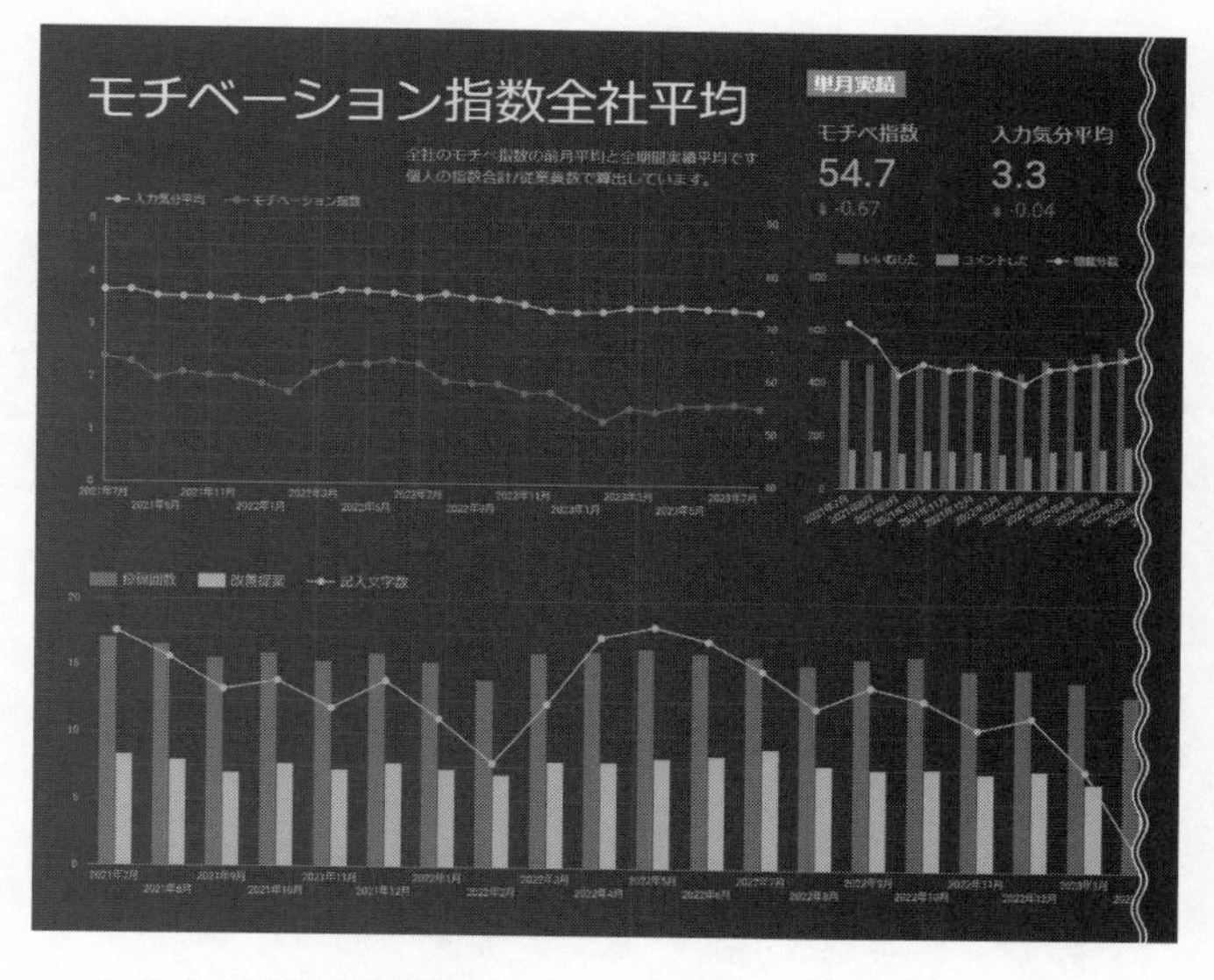

正確な離職予測ができ、早期に対策できる！

日報革命では毎日の日報を投稿するときに、その日の「気分」を5段階で選んでから投稿する仕様になっています。

楽しく仕事ができたら晴れマークを、嫌なことがあった日は雨マークを押すことで、日々のモチベーションを確認することが可能です。

とはいえ「自己申告制」だけだと「嘘」をつくことも可能です。

こうなると、正しい離職予想が出せないだけでなく、無茶して頑張ってしまっている従業員を把握することが困難です。

日報革命では基本的に全てのデータが「集積」されるように設計されています。

これらのデータを活用して、日報の文字数が減っている、改善提案が減っているなど「自己申告の気分」と「日報上でのデータ」を合わせることで**「より正確な離職予想」を出すことができます。**

日報革命をご利用いただいている企業様からは、「早期に離職対策ができる」と喜ばれています。

日報を活用して心理的安全性を醸成する

●日報革命を使ったフルオープン経営

プリマベーラは売上だけでなく、働く従業員の満足度も高い評価を得ています。従業員の満足度は、「社員の幸せ」を計る指標の一つであり、会長の吉川も「社長の通信簿の一つだ」と大変重視をしていました。

２０１４年にはチャットワークアカデミーの正社員50人以上の部門で従業員満足度一位を受賞したこともあります。

この当時から、デジタル日報の仕組みを運用し、現場の声をフルに活かした経営を行った結果、従業員のやりがい点数が上がり、相対的に高い満足度の会社になりました。日報革命では所属や役職関係なく「全員の日報」が見られるようになっています。

そして、ただ日報が閲覧できるだけでなく、SNSのように「いいね」や「コメント」ができる以外にも、自社オリジナルの「スタンプ」などを使って、コミュニケーションがとれるようになっています。若い従業員は、TwitterやインスタやLINE世代です。その要素をフルに取り込んで、彼らがとっつきやすい設計にしています。

●どうでもいい情報も大切な情報

当社では、日報革命の「つぶやき機能」を活用して仕事とは関係のない「どうでもいい話」を共有することも承認しています。

「自称ラーメン評論家」のスタッフが全国のラーメン店のレビューを書いていたり、早起きしてジョギングを頑張った写真をアップしていたり、使い方は多種多様です。そし

自社オリジナルのスタンプは
コミュニケーションを円滑にする仕組み

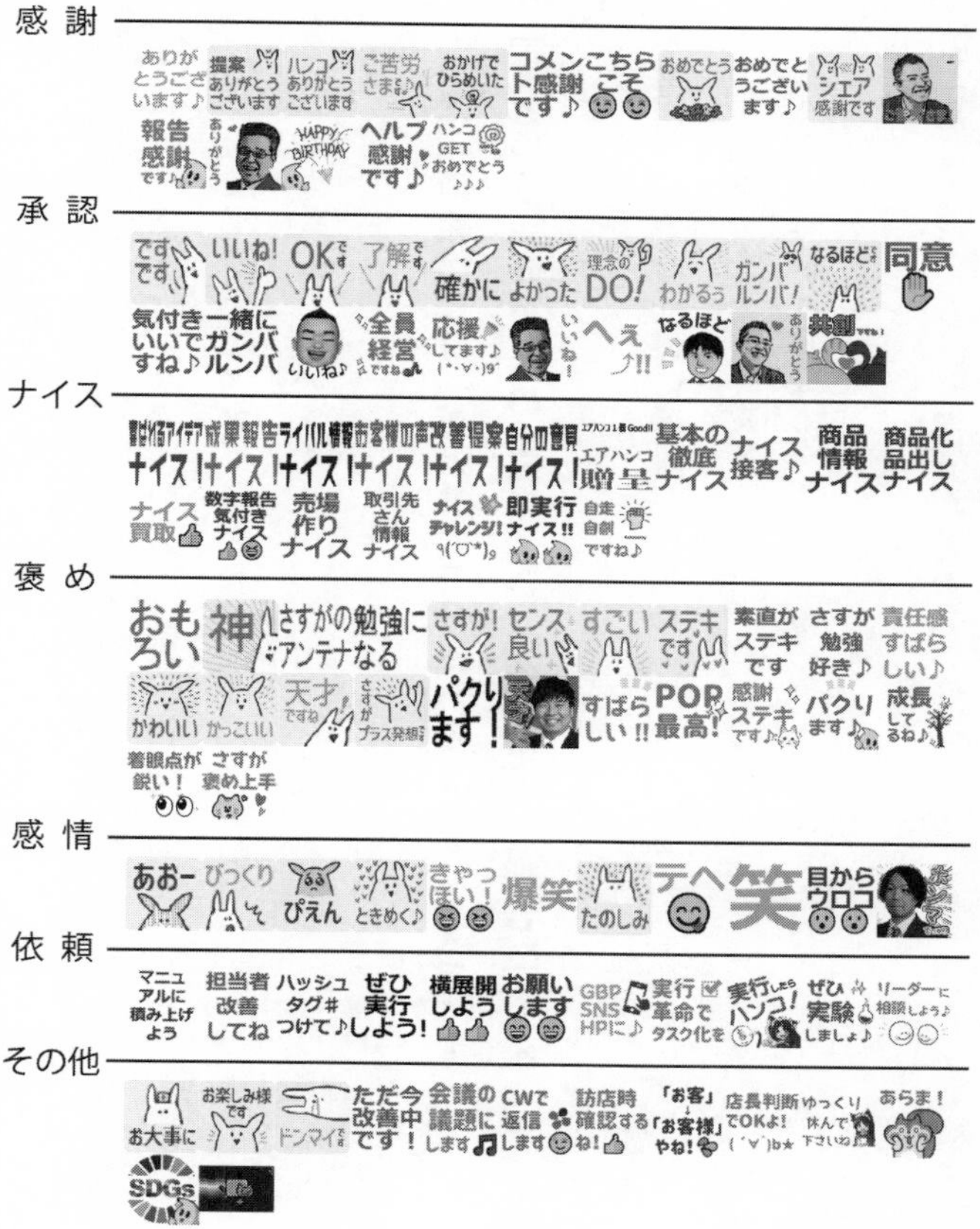

感謝

ありがとうございます♪ / 提案ありがとうございます / ハンコありがとうございます / ご苦労さま / おかげでひらめいた / コメント感謝です♪ / こちらこそ / おめでとう / おめでとうございます♪ / シェア感謝です / 報告感謝です♪ / ありがとう / HAPPY BIRTHDAY / ヘルプ感謝です♪ / ハンコGETおめでとう♪♪♪

承認

ですです / いいね! / OKです / 了解です / 確かに / よかった / 理念のDO! / わかるぅ / ガンバルンバ! / なるほど / 同意 / 気付きいいですね♪ / 一緒にガンバルンバ / いいね♪ / 全員経営ですね / 応援してます♪ (*・∀・)9" / いいね! / へぇ!! / なるほど / ありがとう / 共創

ナイス

気付きアイデアナイス! / 成果報告ナイス! / ライバル情報ナイス! / お客様の声ナイス! / 改善提案ナイス! / 自分の意見ナイス! / エアハンコ1回Good!! 贈呈 / 基本の徹底ナイス / ナイス接客♪ / 商品情報ナイス / 商品化品出しナイス / ナイス買取 / 数字報告気付きナイス / 売場作りナイス / 取引先さん情報ナイス / ナイスチャレンジ! / 即実行ナイス!! / 自走自創ですね♪

褒め

おもろい / 神 / さすがの勉強にアンテナなる / さすが! / センス良い / すごい / ステキです / 素直がステキです / さすが勉強好き♪ / 責任感すばらしい♪ / かわいい / かっこいい / 天才ですね / さすがプラス発想 / パクります! / すばらしい!! / POP最高! / 感謝ステキです / パクります / 成長してるね♪ / 着眼点が鋭い! / さすが褒め上手

感情

あおー / びっくり / ぴえん / ときめく♪ / きゃっほい! / 爆笑 / たのしみ / テヘ / 笑 / 目からウロコ

依頼

マニュアルに積み上げよう / 担当者改善してね / ハッシュタグ#つけて♪ / ぜひ実行しよう! / 横展開しよう / お願いします / GBP SNS HPに♪ / 実行革命でタスク化を / 実行したらハンコ! / ぜひ実験しましょ♪ / リーダーに相談しよう♪

その他

お大事に / お楽しみ様です / ドンマイです / ただ今改善中です! / 会議の議題にします / CWで返信します / 訪店時確認するね! / 「お客」→「お客様」やね! / 店長判断でOKよ! (´∀`)b★ / ゆっくり休んで下さいね / あらま! / SDGs

て、このような「業務と関係ない話」のほうが、じつはスタッフ同士の反応が良好です。

一般的には「無駄な情報」は意味がないと思われるかもしれません。

しかし、私たちは明確な「マネジメントのルール」に基づいて、このようなどうでもいい話もウェルカムにしています。

そのルールは「情報」とは「情と報」で分かれるという考え方です。

つまり「情という〝感情〟」の土台の上に「仕事上の〝報告〟」が乗っかるという考え方です。

知らない上司や苦手な同僚には誰しも積極的に「報告」をしたいと思わないでしょう。けれども、日頃から日報革命でコミュニケーションをとっていたら「感情の土台」ができあがるのでしっかりと「報告」が上がってくるようになるのです。

この「情と報」の考え方は経営計画書の「方針」にも入れるほど、私たちは大切に

業務と関係のない日報の例

嶋田 安乗利 @しまだやすのり 2023/09/16 (土) 21:37
プリマベーラ本部 000総務経理 正社員3.5G 総務経理課部長 11年5ヶ月

スコア 80/100

つぶやき	いいねした	コメントした	サンクス送信
16回	500回	163回	6回

意外と知っていそうで知らない粉薬や漢方薬の飲み方。

基本的には水を口に含んでから粉薬を後から入れて丸呑みする方が良いそうです。

意外と粉薬を先に口に含んでしまうこともありますが、粉薬や漢方は苦味などが強かったり、それによってむせてしまうとせっかくの薬がどれくらい飲めたかがわからなくなるのでこの方法が良いそうです。

粉薬や漢方を飲むことがある方は参考にしてみてください。

プリマベーラ本部 000総務経理 嶋田 安乗利

つぶやき

情報は「情と報」に分かれる

コミュニケーションに関する方針

1．目　的

（１）心理的安全性を創る。

▶解説

（２）まずは情を築く。

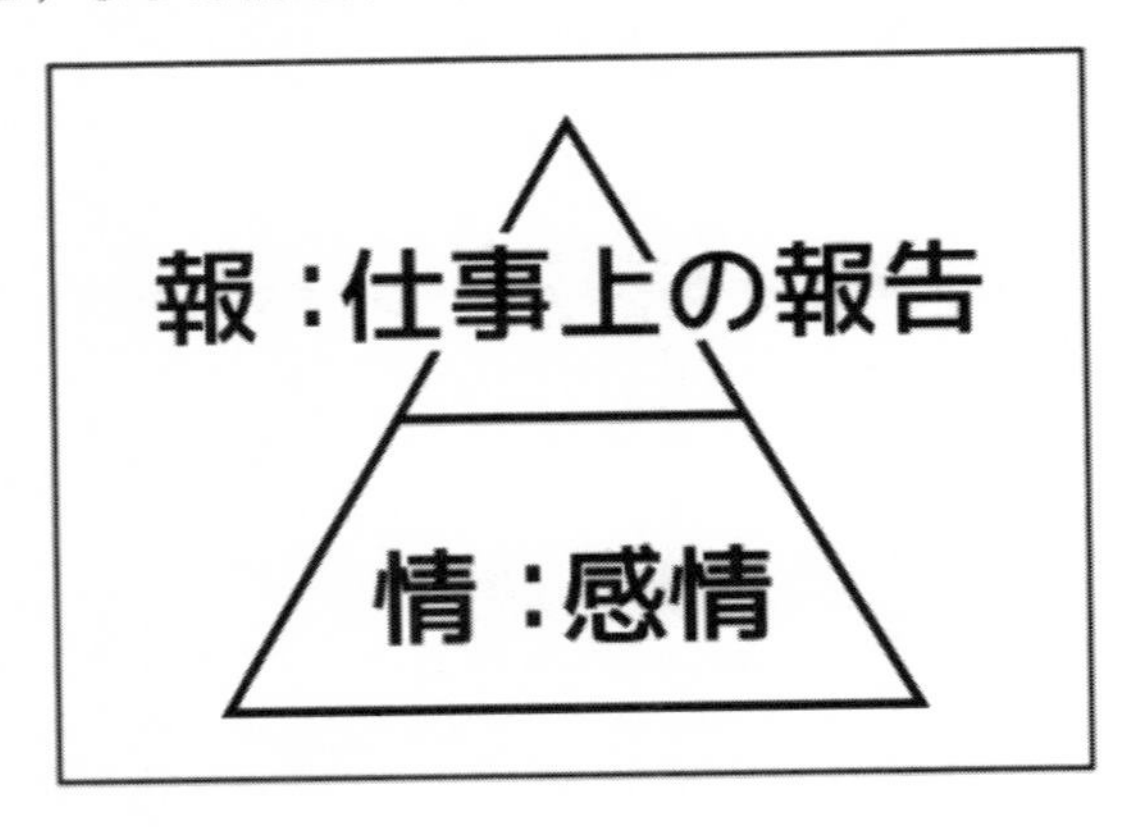

2．基本姿勢

（１）社内の人間関係は、事業経営に優先しない。

▶解説

プリマベーラ経営計画書より

日報で感情の土台が出来上がれば
しっかり報告が上がってくる

しています。**情という土台がなく一方的に「報告だけ上げてもらう」ことは難しいのです。**

●日報革命は「報告を上げずにはいられない」仕組み

千葉県を中心に、日本全国に整骨院を198店舗以上展開する、整骨院業界最大手の「株式会社ケイズグループ」（小林博文（こばやしひろふみ）社長、年商88億円）も、日報革命を導入し、当社が運用のサポートをしています。

「以前、プリマベーラさんの『会議』を見学させていただいたことがあります。従業員の雇用形態や社歴、役職にかかわらず、全ての参加者が情報、数字を報告する仕組みを見て、当社との大きな違いを感じました。

私どもの会社にも報告のルールはありましたが、量、質、頻度などが徹底されておらず、『人によってムラがある』『そもそも、一つひとつが守られてない』という悩みがあったのです。

当社も現在、プリマベーラさんのサポートをいただきながら、日報革命の導入、運用、定着を進めているところです。**日報革命は、現代の若者が情報を上げたくなるような、上げずにはいられないような、時代に合った報告の仕組みであると実感しています」**（小林博文社長）

●従業員の「定性面」を「定量的」に把握する道具として役に立つ

東京都足立区を中心にガス販売や自動車の整備場、ＤＸのコンサル業など多角化経営を推し進めている「株式会社トーセキ」（柳慎太郎社長、年商25億円）では、日報革命を導入したことで、日報の量と質が上がっています。ちなみに柳社長は43歳にして、株式会社武蔵野の小山昇社長の経営計画書作成合宿で、小山昇社長の片腕の一人として、並み居る先輩経営者の経営計画をチェックする敏腕経営者の一人です。

「今までは日報を書いたことがなかった自動車部や建設部の社員に『毎日、日報を提出してもらう』のは、かなりハードルが高いことでした。ですが、日報革命を導入したことで『楽しく、簡単に日報のやりとりができる』ようになり、全社員から日報が提出されるようになりました。

現在は、日報革命によって情報の共有が劇的に進んでいます。**『誰がどれくらいコメントしているか』『誰が何回閲覧しているか』など、全ての数値を計測できるため、本来定性的なことしかわからなかった報告を、定量的に把握する道具、評価に根拠をつける道具として大変役に立っています**」（柳慎太郎社長）

●リアルタイムで全社員が情報共有できる

全国から550社1200名以上が見学する「すごい工場」で有名な自動車関連部品メーカー「スチールテック株式会社」（出口弘親（でぐちひろちか）社長、年商13億円）では、かつて「紙」の日報を使っていました。しかし出口社長は、紙の日報に、

・出張中に日報が貯まる
・情報の共有が困難
・紙が本人に戻るのに時間がかかる
・紛失する
・字が汚くてコメントが読めない
といった課題を感じていたそうです。

しかし日報革命を導入してからは、
・いつでもどこでも確認できる（パソコン、iPad、iPhoneどの端末からでも確認できる）
・情報の共有が容易
・社員全員の日報を社員全員が閲覧でき、コメントもできる
・投稿した瞬間に誰でもすぐに閲覧できる
・データだから紛失しないし、すぐに検索して情報を探し出せる

・SNS感覚なので読みやすく、楽しく投稿、閲覧できる
といった導入効果を実感しています。

「紙の日報は、情報共有が本人と直属上司の間だけで完結してしまいます。したがって、よい情報があっても他の社員には共有されず、日報をコミュニケーションツールとして活用できていませんでした。

日報革命に変更してからは、全社員が日報を閲覧でき、コメントもできます。しかも会社にいるときだけではなく、出張中にiPadやiPhoneからでもチェックできることが大きな変化です。

全社員が日報を閲覧できるようになってからは、他の部署の1日の仕事の流れがリアルタイムでわかるようになりました。

また最近では、外国人エンジニアと外国人技能実習生も日報を記入するようになり全社員が日報を書いています」（出口弘親社長）

このように、決定サイクルの必須項目である「報告」を、日報を使って「緊急でないけど重要な情報」を集めることにより、量と質をともに劇的に高めることができます。それが、ひいては、決定の質と量にダイレクトに反映されます。改めて、**会社は決定で決まります**。そして、**その決定は「報告」で決まります**。そして、その**「報告」は、「緊急でないけど重要な情報」が、ライバル会社との大きな差になると言っていいでしょう**。その中核を担うのが日報です。**日報で成果を出す**、ということがおわかりいただけたら幸いです。

第３章のポイント

- ●日報の「報告」を通じて、決定サイクルを高速回転させることが可能になる。
- ●社内通貨制度を活用することで膨大な経営情報を集めることが可能。
- ●日報は、社員にとって最高の教育の場になる。
- ●日報を通じて「全員経営」の組織づくりができる。
- ●日報を通じて「離職率」を下げることができる。

コラム

日報こそがDMD、違いをもたらす違い！

執筆：吉川充秀

日報の導入のきっかけ

プリマベーラが業務日報を導入したのは2007年です。当時、古着のフランチャイズのドンドンダウン オン ウェンズデイの本社が、デジタル日報を開発して、**「社内ブログ」**として活用していました。それを私たちもフランチャイズの一社として活用し出しました。ドンドンダウン オン ウェンズデイは最大で全国70店舗、20以上の法人が加入するまでになりました。フランチャイズ加盟した会社は、一部上場企業もありましたが、私から見たら当時は**どの会社もプリマベーラの日報の原型である「社内ブログ」を有効に活用できていませんでした。**

日報のテンプレートを変えれば、必要な経営情報が集まる！

フランチャイズの本部も、社内ブログはどちらかというと「精神論」のために活用していました。「俺たちはすごい」「私たち頑張っているよね」という部活のノリでした。そこで、**私はこの日報を使って成果を出す方法はないか**と考えました。そこで発明したのが、**日報に「お客様の声」「ライバル情報」「改善提案」「自分の意見」というテンプレートを決めて、報告してもらうことです。これも日報をあげるときのフレームワーク、棚になるわけです。**

このテンプレートに変更してから、**面白いように、経営に必要な情報が上がってくる**ようになりました。「試着室が、セール日の水曜日の午前中はいつも埋まっていて、スカートが試着できない」という古着屋のお客様の声を、現場の従業員さんが「報告」をしてくれます。**お客様の声という客観的事実に基づき、社長としてただちに試着室の増設を「決定」できます。**「近所のブックオフさんに買い物に行ったら、子ども服を大幅に縮小していました」というライバル情報が「報告」で現場から上がれば、「シェアを拡大するチャンス！」と子ども服売場を広げる「決定」につながります。「古着の買取の査定台のレイアウトを変えれば、もう一台増やすことができます」という現場からの改善提案「報告」が上がれば、古着事業部の幹部と、検討して増設を「決定」できます。

日報で自分が上げたことを実施すると、10倍やる気になる！

まさに、日報には、**お店をよくする宝のような情報が山のように上がるように**なりました。それを経営陣や幹部が片っ端から集めて、現場の従業員さんに改善を依頼するわけです。**従業員さんも「自分たちが提案したこと、自分たちが上げたお客様の声」に基づいた指示が飛んでくるから、「ジブンゴト」です。**

「言われたことをやりなさい」と、会社から命令されたときのモチベーションは1です。しかし、作業の意味を理解して納得して実施すれば、モチベーションは3倍になります。さらには、自分から進んでやる場合には10倍になります。**これを私たちは「やる気の法則」と呼んでいます。自分が上げた改善提案を自分で行えば、モチベーションは通常の3倍か10倍です。やらされ感がありません。「イヤイヤながら仕方なく」から「イキイキワクワク」やるようになります。私たちの会社の離職率が異常に低いのも、こういう「人間心理に則った経営」をしていることが要因の一つだと言えます。**

フランチャイズで日本一の業績を残せたワケ

古着のドンドンダウン　オン　ウェンズデイ、ニコカウ・サンコメタダ、ベクトル、この三つの業態はどれもフランチャイズです。フランチャイズチェーンは、本部の本店が全国ランキングで一位を取るのが通常ですが、プリマベーラは並みいる全国のライバルのお店を次々と抜いて、ドンドンダウン オン ウェンズデイは7カ月間全国一位（最多で70店舗中）。ニコカウ・サンコメタダは70カ月間連続全国一位（最多で9店舗中）。ベクトルも32カ月全国一位（最多で90店舗中）と、日本一の称号を次々と獲得しました。

フランチャイズは、どのお店も同じビジネスモデルです。やっていることは日本全国どこも一緒です。私たちの商圏は群馬、埼玉の北部、と決して人口的に恵まれたところでもありません。そこで日本一を何度も取れた秘訣は何か。**他のフランチャイズの店舗とのDMD、違いをもたらす違いは、日報です。日報から毎日、必要な経営情報をくりぬき、それをもとに改善し、実験し、うまくいったことをマニュアル化して積み上げる。**何より、**お客様の声を莫大に集めるので、現場から本部まで会社全体がお客様第一主義です。**その日々の改善の結果、ジワジワと売上を上げ続け、ランキング一位を何度も取ることができました。

私たちはフルオープンなので、多くの同業のフランチャイズの会社が見学にくると、日報のことを教えるのですが、皆さんやりません（苦笑）。**「成果が出たことをマネる」という原理原則を、いろんな理由をつけて「できない」にしてしまっているのかもしれませんね（苦笑）。**

日報で報告を上げてもらうには？

日報で報告を上げてもらうには、あまり好きな表現ではありませんが、**アメとムチの両方を使います。**社長や事業部長たちが**「有益だ、役に立つ」と思ったら、その日報を書いた従業員さんに社内通貨を発行します。これがアメです。**お金がもらえるから、従業員さんは「何か日報に上げることはないか」と現場で気づいたことをせっせと、書いてくれます。しかも、ビックリすることに**正社員だけでなく、アルバイトさんまでもが、業務時間外でも、お店をよくする方法を考えるようになります。**これがアンテナの力、潜在意識の恐ろしさです。業務時間は一日8時間です。それ以上の時間を、「手」を使ってタダで働かせようとしたら労基法違反になりますが、**自主的に「アタマ」を使う分には労基法違反になりません。**

一方、日報を書かない従業員さんは、評価が下がります。これがムチですね。昔はシンプルに、1カ月の日報の回数で点数を評価していました。今では、**日報革命で**

「日報スコア」という独自のアルゴリズムで集計して、その点数をもとに、従業員さんの大事な仕事の一つである「報告」の点数を計測しています。

そして、日報での報告を上げてもらう上で、何より大切なのが、**経営陣が日報に対して本気であるか**どうかです。社長や事業部のトップは、どの役職の人の日報までチェックするかを決めて、それをコツコツ続けることが必要です。**「自分の日報は上司から読まれていない」と思うと、従業員さんは途端に書かなくなります。結局はコツコツが勝つコツです♪**

私が現役社長だったときには、全従業員さんの日報の約4割に毎日私が返信をしていました。「すごいね」とか「お客様の声ナイス！」とか。ブラインドタッチができる私でも4割に返信をするのはなかなかの数です。日報革命というソフトができた今では、**LINEのようにスタンプを送れるようになりました。「すごい」「お客様の声ナイス！」という、私が口癖だったことを片っ端からスタンプにしています。ダブルクリックで返信が終わるので、革命的に楽になったわけです。日報「革命」と言われるゆえんです（笑）。**

プリマベーラの強みは情報の環境整備

この、日報を含めた情報伝達の一連の流れを、私たちは「情報の環境整備」と呼んでいます。情報の環境整備の定義はいたって、シンプルです。**「社長が決定、チェックしやすい情報環境を整え備えること」が一つ。そして、「社員が実施、報告しやすい情報環境を整え備えること」がもう一つ。**サラリと書いていますが、この定義は私が5年間悩みに悩んで発見した「成果を出すための情報の環境整備の定義」です。もう暗記してもらってもいいくらいのポイント中のポイントです。

すると、あることに気がつきませんか？　**決定サイクルの四つの要素が全て、情報の環境整備に含まれているということを！**　つまりは、**情報の環境整備で、社長にとっては決定、チェックのレベルが上がります。**情報の環境整備で、**社員にとっては実施、報告のレベルが上がります。**決定サイクルの一つひとつのレベルが上がれば会社の業績は上がります。なぜなら、会社は「決定できまり、実施で変わる」からです。

そして業績方程式に当てはめれば、戦略確率が上がり、実行確率が上がるからです！

実は、**情報の環境整備こそ、決定サイクルを円滑に回し、業績にダイレクトに反映させるポイント中のポイントなのです。プリマベーラが14期連続増収増益、フランチャイズランキングで軒並み一位を獲得できた背景には、どの会社よりも情報の環境整備にこだわってきたという背景があるわけです。**

皆さんの会社もぜひ、情報の環境整備を、報告、決定、実施、チェックという視点から見直し、一つひとつが円滑に回るように改善してみてください。会社の、組織の「リズム」がよくなり、業績向上の手応えをつかめるはずです。

第4章

社長の「決定」が会社を変える

執筆：松田幸之助

会議は「話し合い」の場ではなく「意思決定」の場である

●無駄な会議をなくし、有意義な会議へと変える

「決定サイクル」の「決定」を担うのが、「会議」です。

日報革命などの仕組みを通じて膨大な情報が集まったとしても「意思決定」をしなければ、どんな宝のような情報も価値がありません。

重要だからこそ「会議」を開催しているはずが、気づけば「ただ時間だけが過ぎていく」「半日会議をしたのに何も決まらない」という声をよく聞きます。会社の命運を分ける「会議」でこのような状態になるのは、非常にもったいないことです。

プリマベーラでは、経営計画書に「会議に関する方針」を明確化して、「無駄な会

議をなくし、有意義な会議へと変える」ための仕組みをつくっています。

【会議に関する方針】※23期 経営計画書より一部抜粋・改編して紹介

1 目的

（1）迅速に意思決定する。

2 基本姿勢

（1）結論の出ない会議はしない。会議の人数を絞り込む。

（2）会議の目的を明確にする。

（3）会議の種類

1 意思決定会議

2 アイディアを集めるブレインストーミング会議

3 情報共有会議

（4）会議で経営幹部を教育する。

3　会議の方法

（1）意思決定会議

……事前に議題を共有し、方針の決定と具体的行動の決定に重点を置く。意思決定できる人が必ず同席する。

（2）ブレインストーミング会議

……事前に議題を共有し、当日はアイディアを持ち寄り、さらなる気付きを誘発する。最後は、意思決定者の独断で決める。意思決定者のいないブレストはしない。

・アイディアソンをする

「アイディアソン」とは、「アイディア・マラソン」のこと。テーマを一つ決めて、アイディアを出し合う。

（3）情報共有会議

……効率化する。基本的に文字ベースの議事録でよい。重要な情報共有は動画や音声を録画しシェアする。

（4）進捗会議

……重要なプロジェクトを定期的に進捗確認する。事前に議題を共有し、会議時は決定のみ行う。意思決定者は必ず同席する。

●「NATO禁止」と「情報共有の効率化」が会議の原則

会議の目的は、話し合ったり、意見を交換したりする以上に、「何を実施するのかを決定すること」です。したがって、

「情報共有の効率化」

「議題、資料の事前共有」

が原則です。

●NATOの禁止

ＮＡＴＯとは、「No Action Talk Only（話してばかりで実際のアクションはない）」の意味です。

ＮＡＴＯを防ぐには、

「会議には必ず意思決定者が同席する（決定権がない人だけが集まると、決定が先送りになる）」

「心理的安全性を確保する（何を言っても怒られない雰囲気をつくる）」

といった工夫が必要です。たとえば、

「プリマベーラの５年後の経営サポート事業部の将来を考えよう。何でもいいから、ふざけても、ぶっとんでもいいから、アイディアを出してみよう」

と言うと、私たちは心理的安全性が確保されるため

「別会社にしたい」

「上場したい」

「週休４日にしたい」

など発言が活発になります。

このように前向きなディスカッションができるのも日々、日報革命を通じて「心理的安全性」を醸成しているからなのです。

会議を行う際には「NATO禁止」を共通の認識にしてみてください。これだけでも会議の生産性が大きく上がるはずです。

●情報共有の効率化

プリマベーラでは、「情報共有にかける時間を減らす」という考えで会議を運営しています。

とはいえ、最初から情報共有にかける時間を減らしていたかというと、そうではありません。2015年頃までは、部長クラス以上の幹部15名が毎週本部に集まり「情報共有をする」ことがよくありました。

往復の移動時間は1時間。幹部の時給が2500円だとすると、「情報を聞くだけ」に年間で200万円近くの人件費を支払っていたことになります。

こうした無駄をなくすため、情報共有の会議に関しては、

「会議主催者が録画・録音したものを流して、各自、時間があるときに視聴する」

あるいは、

「文字ベースの資料・議事録を配付し（送信し）、各自、時間があるときに読む」

ようにしています。


とくに「録音・録画」であれば、「倍速再生」を使うことで、さらに情報共有を時短化できます。Googleクロームの拡張機能である「Video Speed Controller」はYouTubeなどの動画を最大16倍速までできるので、オンラインセミナーのアーカイブ視聴にも使えて非常に便利です。

会議は、「意思決定をするための時間」ですから、情報共有には時間をかけないのが基本です。

結論の出ない会議はしない

●プリマベーラの会議の種類

「結論の出ない会議はしない」。これがプリマベーラの会議の方針です。

私も過去に、「新規事業をはじめた方がいいのではないですか?」と、当時社長だった吉川や経営幹部に、経営会議の場で提案したことがあります。

「新規事業をするか、しないか」。当然ながら、簡単に結論が出るわけはありません。

結論が出ないことがわかっている会議の開催を「禁止」するだけでも、会議の生産性は上がります。結論の出なそうな重たい話こそ、仕事が終わったあとの食事や飲みの席で軽くすればいいのです(笑)。

「成果につながる決定」をするために、プリマベーラでは、会議を細分化しています。

【プリマベーラの会議の種類／一例】

◎経営会議

プリマベーラの会議の中で、最上位に位置するのが経営会議です。全社に関わる経営方針を決定します。社長と事業部長が出席します。

プリマベーラの経営会議は「五つ」の会議によって構成されています。

この会議体系こそが「成果を出す会議の仕組み」だと自信を持ってお伝えできます。

誌面の都合上、一つひとつを詳細に解説することはできませんので、各会議の概要をお伝えさせていただきます。

①月次決算会議……経費と在庫の中身を精査して、意思決定します（月1回）。

経費の最適化を実現するための会議です。異常値を見つけて、「削減可能な経費」を

全社、全事業部、全業態のマクロで把握。前年差で大きく増加した経費、減少した経

プリマベーラの会議一覧

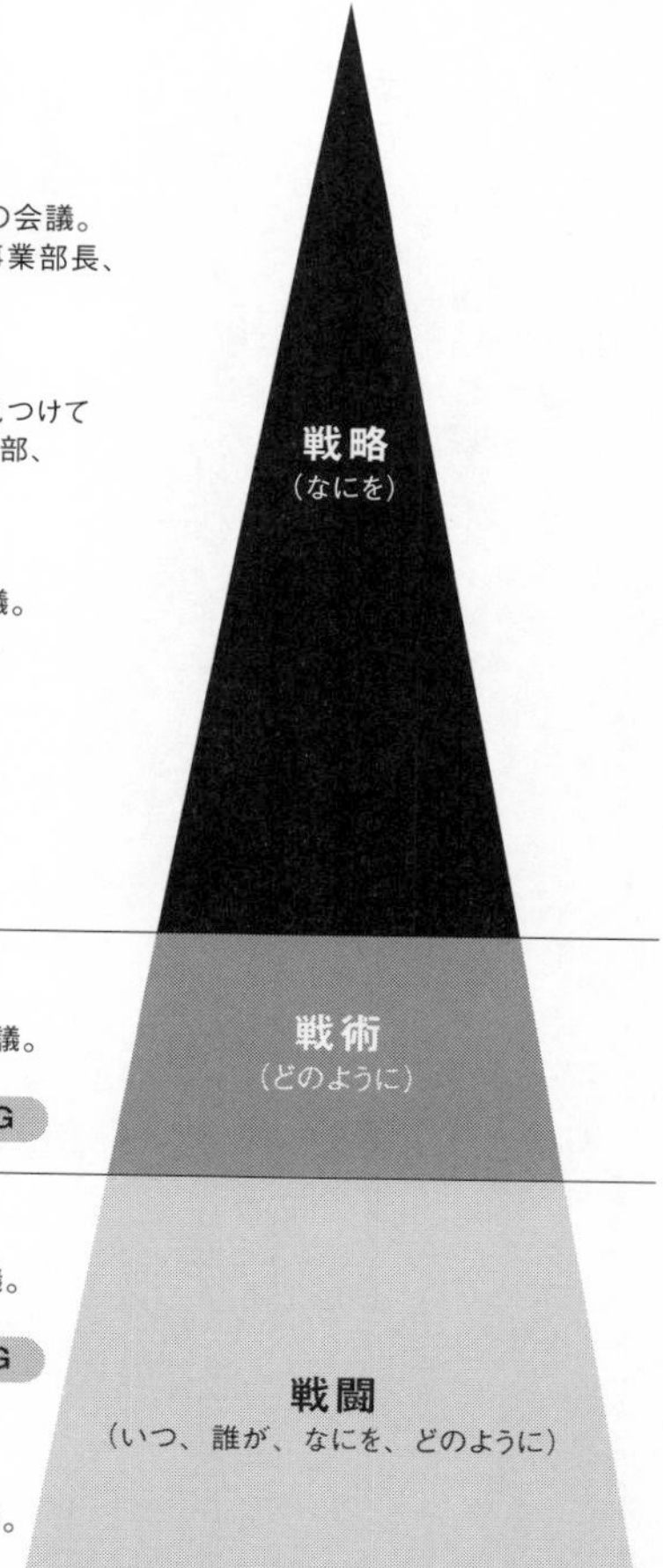

経営会議
経営戦略、戦術の意思決定のための会議。
日報から上がってきた経営議題を各事業部長、
社長が持ち寄り、対策を決定する。

月次決算会議
経費削減のための会議。異常値を見つけて
「削減可能な経費」を全社、全事業部、
全業態のマクロでつかむこと。

業績検討会議
売上アップ、粗利アップのための会議。
異常値を見つけて、余地のある商品、
販路をあぶり出す。

会議参加職　5G　4G

戦略
（なにを）

本部会議
事業部別の具体的な戦術を決める会議。

会議参加職　5G　4G　3.5G

戦術
（どのように）

店長会議
業態ごとの具体的な戦闘を決める会議。

会議参加職　4G　3.5G　3G

店舗会議
店舗ごとの具体的な戦闘を決める会議。

会議参加職　3G　2.5G〜1G

戦闘
（いつ、誰が、なにを、どのように）

事業部長　5G　エリアマネージャー　4G　エリアマネージャー見習い　3.5G
店長、店舗責任者　3G　一般社員、アルバイト　2.5〜1G
※「G」はグループ。プリマベーラの役職の階属です。

費をドリルダウン（概要から詳細へデータを掘り下げて分析すること）して調べます。

月次決算会議を通じて「無駄な経費」をなくすのが目的です。

削減の一例

・パソコンのウィルスソフトの見直し↓全社で年間50万円の削減。

・電気代↓新電力への変更で年間５００万円の削減。

こんな削減を毎月、見つけては繰り返すと、削減余地が徐々に減り、経費が最適化されていきます。

②**業績検討会議**……売上、粗利の中身を精査して、意思決定します。月1回開催しています。

事業部ごとの利益計画と実績を確認し、次の対策を考えます。異常値を見つけて、改善の余地のある商品と販路をあぶり出します。

検討・確認の一例

「『鬼滅の刃』が売れている」↓全店在庫はあるのか、なければ発注を全店指示↓高価買取をうたって、買取を集めるなどの打ち手を示す。

業績検討会議では、KGI／KPIスコアボードを確認して、KPIが実施されているかのチェックをしています。

KGIは「キー・ゴール・インジケーター（重要結果指標）」です。KPIは一般的に「キー・パフォーマンス・インジケーター（重要業績評価指標）」と訳します。

しかしプリマベーラでは、KPIを「キー・プロセス・インジケーター（重要行動指標）」と置き換えて解釈しています。KGIという結果を達成するために必要な「具体的プロセス」のことです。

たとえば、ある事業部で、

・KGI（結果目標）……「DVDの売上を昨年対比106％にする」
・KPI（具体的プロセス）……「商品在庫の20％を毎月入れ替える」

という設定をしたとします。現場のやるべきことは明確です。20％の在庫の入れ替えです。もし、KPIが実施されていなかった場合は、「なぜ実施できなかったのか」

を分析して「どうすればできるか」を考えます。

ＫＰＩが「実施されていた」にもかかわらずＫＧＩの達成につながっていないとしたら、「実施の質が低かった」

「ＫＰＩの設定そのものに間違いがあった」

などの問題点を明らかにして、改善につなげていきます。つまりは、ＫＧＩ、ＫＰＩを設定することによって、数値化しているわけです。そして、**計測されるものは改善される**のです。

結果目標であるＫＧＩと違い、ＫＰＩは行動というプロセスの目標なので、コントロールできます。

「コントロール可能な、自分たちの行動にこそ注力する」

「ゴールに結びつかないのは、プロセスに問題があるから。プロセスを見直すことでゴールに近づく」

のがプリマベーラのロジックです。

③**経営会議**……数字である「定量情報」ではなく、「定性情報」に基づく意思決定の場です。月2回開催しています。

日報から上がってきた「定性的な」経営議題を各事業部長、社長が持ち寄り、対策を決定します。

月間MVPの選定や、経営幹部の行動管理チェックもこの会議で行います。ちなみに、月間MVPとは全社400人の従業員のうち、その月にもっとも活躍した従業員を毎月表彰する仕組みのことです。

経営幹部の行動管理チェックとは、経営幹部として「緊急ではないけど重要なことをやっているか」の定期的なチェックのことです。勉強会の開催や、部下とのさし飲みなどのチェックを行っています。**幹部の実行確率を上げる取り組み**の一環です。

検討・確認の一例

・売上把握表の確認をする↓昨日現在の全社の売上の把握。

・有給把握表の確認をする↓年間で5日以上の有給をとらない社員がいたら1名30万円の罰金なので、数カ月おきに有給消化の進捗をチェックしています。400名もいればモレが出るためです。
・人事評価シートの評価基準の変更。
・社員教育動画の視聴のルールのすり合わせ。

④事業部別経営会議……社長と事業部長で戦略、戦術を決定する会議です。月2回開催しています。

⑤ITソリューション部進捗会議……デジタルマーケティングや、ソフト開発を行っているITソリューション部の部長が、全社・各事業部のマーケティングやソフト開発の進捗報告をします。月2回開催しています。

◎本部会議

具体的な戦術（目標を達成するための具体的な手段）を決める会議です。事業部長とエリアマネージャーが出席します。経営会議で出された戦略を実行可能に細かくブレイクダウンする会議と言えばわかりやすいでしょう。

◎合同店長会議

全体数字や各事業部の数字の確認、改善報告の共有をする会議です。店長が出席します。

◎事業部別店長会議

各店舗の成功事例の横展開をします。該当する事業部の店長が出席します。

◎部門会議

商品ごと、部門ごと（例：レディース部門、キッズ部門、コミック部門など）に行う会議。一般社員（アルバイト・パート含む）が出席します。

◎店舗会議

店舗単位のローカルルール、ハウスルールを決めます。店舗スタッフが出席します。

【経営会議の決定を現場で実施させる】

・経営会議……「何をするか」という「大きな方針」を決める（戦略）
　←
・本部会議……「どのように実施するか」を決める（戦術）
　←
・部門会議／店長会議／店舗会議……「部門、店舗ごとに、誰が、何を、どのように実施するか」を取り決める（戦闘）

福岡県で総合リユースショップ「リサイクルマート」を展開する「株式会社フェスタ」（年商10億円）の福重辰弥（ふくしげたつや）社長は、この仕組み導入前の会議は、行き当たりばったりだったと振り返ります。

「まず、会議の時間が長く、途中で議題とは違う話になって脱線しまくり。月に一度の店長会議も『発表会』で終わってしまい、決めたことも継続できず、どうせ決めても継続できないでしょうと社員も半ばあきらめの境地にいました。議題が上がっても次の会議まで回答を持ち越したり、次の会議のときには忘れてしまったり（笑）。成果が出ない会議を繰り返し行っていました」（福重辰弥社長）

このままこのような会議を続けても時間を取られるだけで意味がないと危機感を抱いた福重社長は、プリマベーラの会議の仕組みを取り入れることを決定します。

「会議の仕組みを導入して一番変わったことは、時間内に会議が終了するようになったことです。議題に沿ってタイムスケジュールを作成し司会者とタイムキーパーを決めて会議を進めています。

また**会議は決めることが大切と教えていただき、決めることができる会議に変わりました。**後回しにしない会議ができるようになりました。

議題も前もってわかるようになり、会議に参加する社員も資料づくりがスムーズにできるようになりました。

何より会議に参加する社員が活発に意見を言うようになったことが大きな成果です。お客様の声を発表したり、ライバル情報の報告やライバル店からの学びなどの発表があったりと、**成果の出る会議ができるようになってきました**」（福重辰弥社長）

プリマベーラでは、会議の現場に参加したり、会議シートを共有するなど、会議のコンサルティングもお客様向けに行っています。気になる会議があれば、ぜひ一度、会議の現場をご覧いただくことをオススメします。

「GPDCAYサイクル」を回して、成功事例を横展開する

●PDCAを「GPDCAY」にするだけで成果が出る考え方に！

プリマベーラは、さまざまな改善活動の中で成果、効率が上がった取り組みを横展開して、改善の効果を最大化しています。**横展開が進むのは、「GPDCAYサイクル」に基づいて会議体系をつくっているからです。**

一般的なPDCAサイクルとは異なり、

「ゴールである結果目標を定量的に数字で表し、ゴールに設定した取り組みの中で、成功したことは全事業部で横展開する」

のが方針です（GPDCAYのGはゴール、Yは横展開の略）。

私たちは**「そのプランを行うことによる成果見込み」**のことを**「期待成果」**と呼んでいます。ゴール（G）である期待成果を決めることで、取り組もうと思っているプランが「どのぐらいの成果につながるのか」を客観的に判断できます。

中小企業は、人もお金も時間も限られています。だからこそ「手当たり次第」ではなく、**期待成果に基づいた仮説を立ててから実行することが重要です。**

実際にプリマベーラでは、アルバイトさんから、「消毒液の購入先をA社からB社に変えると1店舗で年間３０００円の経費削減になるので、購入先を変えませんか?」という「数字の仮説」を元にした提案が多数上がってきます。**「期待成果」を考えることは、従業員一人一人を「成果脳」にするために極めて効果的です。成果脳とは、常に成果を考えながら働く人の脳ということです。プリマベーラでは、正社員やベテランアルバイトが「成果脳集団」です。成果を出すには、常に成果を考えながら働く人をどれだけ増やせるかがカギです。社員教育は、外部の研修会社にお願いすれば莫大な経費がかかります。では、**

もっとも成果の出る教育は何か、と言えば、従業員の一人一人を成果脳にすることです。

●魔法の四文字熟語「期待成果」

とはいえ、最初は「期待成果」をどのように表すか悩む方もいるでしょう。

そのときに効果的な考え方が「四つの要素」のフレームワークで期待成果を算出することです。

P＝プライス（価格）
V＝バリアブル・コスト（原価）
Q＝クォンティティー（数量）
F＝フィックスド・コスト（固定費）

営業利益を出すためには価格を上げるか、原価を下げるか、数量を増やすか、経費を減らすか。実は四つの要素しかないのです。

ですから、期待成果を考えるときも「そのプランを行うことでP（価格）が上がるのか、V（原価）が下がるのか、Q（数量）が増えるのか、F（経費）が減るのか」を考え、算出すればいいのです。成果脳集団になると、会話が常に「Pアップ」「Vダウン」「Qアップ」「Fダウン」という略語になります。組織でなされる会話がこうなったらしめたものです。成果脳集団になった証拠と言えるでしょう。

私たちは、いろいろな言葉を社内で流行らせてきましたが、**「期待成果」はもっとも「成果の出る四字熟語」と言えます。「期待成果」を社内に流行らせれば、あっという間に本書のモトがとれることを保証します（笑）。そして社内導入費用は「タダ!!」です。**

私たちはこの「期待成果」という考えを社内に浸透させることを強く、強く推奨します。

社長も経営幹部も、従業員との会話で「期待成果は？」を口癖にしましょう。

従業員からの期待成果を算出した改善提案事例

例1 POPの書き方を変える

商品名・値段だけではなくオススメの一言を添えたPOPを付けるルールにする。

- 期待成果… 平均単価 5,000 円× 10 点＝ 5 万円の月売上が、1.2 倍になると見込める。月に 1 万円、年間 12 万円の売上アップ。30 店舗で横展開したら、年間 360 万円の売上アップが見込める。

例2 時計販売や小物発送用のフォームクッション

時計販売や小物発送時はプチプチより単価が低いフォームクッションを使い、経費節減。

- 期待成果… プチプチ 1 m当たり 43.9 円、フォーム 1 m当たり 15.2 円。1 m使うごとに 28.7 円削減。1 年で 100 m使うとして、2,870 円の経費削減。10 店舗で1年間 28,700 円の経費削減が見込める。

●経営トップは横展開をダメ押しで推進する！

そして、もう一つ大切なのがY（横展開）です。

うまくいった事例は、もれなく横展開していきます。消毒液の購入先を変えることで「1店舗で年間３０００円」の経費削減につながったとします。50店舗に展開すれば年間15万円の経費削減が実現します。Ｇ（期待成果）とＹ（横展開）があることで、「成果の出るＰＤＣＡサイクル」になるのです。

「横展開がなかなか進まない」という声もよく耳にしますが、その原因として、「経営層が成功事例の共有をしていないこと」が考えられます。

経営トップ自らが成功事例の横展開をしないと、会社全体の横展開は思うように進みません。

横展開を進めるときに大切な考え方は「掛け算」です。

足し算と掛け算の世界は天と地です。足し算は直線的な成長しかしませんが、掛け算は指数関数的な成長が望めます。横展開で掛け算を広げることで「成果を最大化」することが可能です。

逆に言えば、間違った戦略を意思決定すると、それだけ被害も甚大になります。だからこそ、繰り返しになりますが**「社長が意思決定を間違わないように報告」が大切なのです。**

このGPDCAYサイクルの概念を経営者や幹部が「共通の認識」にできているかどうかで、業績は大きく変わります。

【GPDCAYサイクル】

・「ゴール（期待・成果）」※数字で具体的な目標を表す

↓
・「プラン（仮説・計画・決定）」
↓
・「ドゥ（実施・実行）」
↓
・「チェック（確認）」
↓
・「アセスメント（検証・改善）」
↓
・「横展開」

第４章のポイント

●会議は「話し合い」の場ではなく「意思決定」の場である。
●結論の出ない会議はしない。
●「ＧＰＤＣＡＹサイクル」を回して、成功事例を横展開する。
●経営トップが進んで情報を吸い上げて、成功事例の横展開を推進する。

コラム

成果の出るフレームワークを社内にインストールする

執筆：吉川充秀

成果を出すには、「成果を出すフレームワーク」に切り替える

経営をセミリタイアした私は、ゴミ拾い仙人として活動しています。9年間で実に115万個のゴミを拾ってきました。ゴミ拾いは一般的には、「善いこと」です。「会社の創業者がゴミ拾い仙人じゃ、どうせキレイゴトの理念ばかり並べるんだろう」と想像されそうですが、違います（笑）。私は元々、バリバリの成果主義者です。成果という目標をぶら下げられたら、その成果をめがけて馬車馬のごとく、カラダが壊れるまで走り続けるタイプです（苦笑）。

おかげさまで、毎年「増収増益」を目標に2008年から経営を続け、14期連続で

増収増益を果たすことができました。**増収増益を達成できたのは、「ゴミ拾いという善行」を続けたからではありません。儲かるビジネスモデルを選び、ビジネスモデルと仕組みを儲かるように全て変え、社内の従業員さんの一人一人を「成果脳」に教育し、莫大な数の実験を繰り返し、それを横展開してきたからです。経営のツボを間違えなかったからこそ、業績が上がったわけです。ゴミ拾いという善行は、あくまでもおまけです（笑）。**

成果を上げるには、アタマの中に、**成果を出すための棚をいくつも用意する必要が**あります。その一つが、GPDCAYサイクルです。ぜひ今日、この本を読んだら、**既存のPDCAという概念に上書きして、GPDCAYで経営してみてください。成果という面で、必ず大きな効果をもたらすことを保証します♪**

GPDCAYサイクルこそ成果を出すフレームワーク

奈良県に、グループ年商34億円の株式会社ケーイーシーさんという、県内でトップシェアを誇る学習塾の会社があります。

小椋義則（おぐらよしのり）会長は、私よりも7歳ほど年下ですが極めてパワフルで優秀な経営者です。小椋会長は、私と会う以前は、「PDCAでは結果がでない、Pの前にG（GOAL＝期待成果）をつけることが大切だ」と気づいて、社内の勉強会ではGPDCAサイクルを、社員さんに教えていたそうです。ある時、私からアドバイスをしました。「最後にY（横展開）をつけてみて。小椋さんのところは、教室の数がフランチャイズさん含めて500以上と半端ないから、とんでもない倍数になるでしょ？」と。小椋会長は、目からウロコが落ちたようです。「Yまでは気づかなかった……」と。

GPDCAYサイクルのポイントは、アタマにGを入れることで、社長だけでなく、従業員さんまでもが、常に期待成果を考えて働く成果脳になることです。そして、**Yを入れることで、社長だけでなく、従業員さんまでもが、自分の実施した改善が全店に倍数になったらどのくらい成果が増えるかというかけ算思考になることです。**もうこの二つを徹底することで、「成果を出すための教育」が行えちゃいます（笑）。私が研修会社から嫌われて出禁になる要因が、垣間見えたでしょうか？（笑）。

「期待成果」を根付かせるには？

では、GPDCAYサイクルを社内に根付かせるには、どうしたらいいでしょうか？　ここまで教えると、自社のコンサルティング部門の社員からも「吉川さん、それは営業妨害です！」と嫌われそうですが、お伝えしちゃいましょう（笑）。それは、**自分自身が「期待成果は？」おじさんになる、と決めるコト**です。ビジネスで成果を出す人は、使う言葉が違います。私がつくったベクトル用語集に、こう書いてあります。**「ビジネスは、主語と述語と数字で語る」**のだと。

ビジネスの基本用語は、数字なのです。だから「こんなことがやりたいです」という提案が従業員さんから上がってきたら、**「お、いいねえ。じゃあ、期待成果は？」と聞き直す**わけです。厳しい社長や幹部は、ついつい「は!?（怒）。期待成果は？」とつっけんどんに回答しちゃいそうですが、**いったん「いいねえ」と受容することが大切です♪　こういう「口癖」で組織の心理的安全性が醸成されていくわけです。**まさ

に、口癖で会社が決まるのですから。

ちなみに、このベクトル用語集は、株式会社武蔵野の小山昇社長の『仕事ができる人の心得』（CCCメディアハウス）からヒントを得て2008年につくって、それ以来、改善に改善を重ね、現時点で第3版です。実に1049語のプリマベーラの共通の言語を定義しています。今では小山昇社長の用語解説から守破離の「離」段階まできています。手前味噌ですが、**「成果を出す用語」と「従業員さんが幸せになる用語」だけでできあがっています。**ぜひ、のぞいてみてくださいね♪

社員を成果脳集団にする！

私は、2013年ころから、**全従業員さんを「成果脳集団にする」**と掲げました。

もちろん、従業員さんは嫌がります。「なんでも成果で考えたら、ギスギスする」と普通は考えます。そこで、こう伝えました。

「私は、プリマベーラを、高収益企業にしたい。高収益企業の基準の一つは売上高経常利益率10％。そのためには、儲かるように全てを変える必要がある。そこまでして儲けたい理由は一つです。働く皆さんの年収をもっと増やして、皆さんの物心の幸福の『物』の幸せを叶えたいから。それには、今までと同じ考え方では無理です。だからこそ、皆さんには成果脳集団になってもらいます！」。こんなことを**経営計画発表会で熱を持って伝えて、以降2年間、「期待成果は？」おじさんになりきりました。**

従業員さんから上がってくる全ての提案に「期待成果は？」と優しくしつこく突っ込んで、従業員さんに期待成果付きの提案を毎回上げてもらうようにしました。

2013年当時、売上高経常利益率が5％ほどでしたが、毎年経常利益率が上がり、結果的に高収益企業の仲間入りを果たすことができました。皆さんの会社でも、ダマされたと思って、社長、幹部、一般社員の皆さん全員で1年間「期待成果は？」を続けてみてください。もし結果が出なかったら、お詫びで皆さんの会社にゴミ拾いしに行きます（笑）。

ちなみに、**GPDCAYサイクルを加速させる「GPシート」なるフォーマット**があります。これも私たちのノウハウ中のノウハウですが、さすがにプリマベーラのコンサルティング事業部の営業妨害になるので、ここで止めておきます（笑）。ご覧になりたい方は、ぜひ一度会社見学に遊びにきてみてくださいね♪

社長や幹部の時給を見える化すると信じられない効果が！

最近では、会議と言えばムダの権化のように言われることが多くなってきました（苦笑）。「うちの会社は会議の時間が長すぎる」「結局会議をしたけど、何も決まらないじゃん」、会議あるあるですね（笑）。私たちの会社では、**会議を明確に定義しています。ずばり「決める場」だと**。もし決まらなかったらどうするか？ **「ペンディング（先送りする）することを決める」**のです（笑）。「今は決めない」というのも重要な決定ですね。**「決まらない」のではなくて、「今は決めない」と能動的に考えるのです。**

私たちの会社のバックヤードツアーで、ほぼ全員の経営者と幹部が写真撮影をする見える化ポイントがあります。それが、**「あなたの時給はいくらですか？」**というものです。そこにはこう書いてあります。

「社長の時給1万2000円、事業部長の時給4000円、部長の時給3000円、店長の時給2500円……」

時給に年間2000時間をかけ算してみてください。年収が計算できますね（笑）。つまり、**時給をどう計算するかというと、「年収÷2000時間」とシンプルに定義して決めているわけです。**

さて、この**時給の見える化をすることで、会議にかかる費用が算出されます。**昔、「期待成果は?」おじさんだった頃は、**「今日の会議の人件費を計算してください」**と言って会議に参加する幹部に計算させていました。「ゲッ」とビックリの声が上がります。3時間の会議を部長10人で行えば9万円もの人件費がかかるのですから！

そこで、私がもう一言加えます。**「皆さんの9万円の給料を払うにはその3倍の粗利が必要です。ですので今日の会議は27万円分の粗利益分の価値にしてください。会議後にそう感じられなかったら、その会議は???」「そうです、必要ない会議ということですね♪」**と優しく笑顔で伝えると**会議にスイッチが入ります。まさに「本気の会議」になる**わけです。そして、**会議における人件費と期待成果を比べっこすることで、**

ムダな会議はどんどんなくなります。これは、タダでできるオススメ中のオススメのやり方です。改めてこの本、安すぎると思いませんか？（爆）

ちなみに、この**時給の見える化はどこに貼ってあると思いますか？　それがポイントです**（笑）。それを確認するために、群馬県太田市の本社までぜひ遊びにきてくださいね（笑）。

成果の出る会議をどう創り上げたか？

女性用の下着を製造販売する、トリンプという会社があります。かつて、名経営者として名高い、吉越浩一郎（よしこしこういちろう）さんが社長になってから、トリンプは19期連続増収増益を果たします。プリマベーラは、**増収増益をM－G（Most Important Goal、最重要目標）**として、増収増益企業をベンチマーキングし研究してきました。そのベンチマーキング先の社長さんの一人が吉越浩一郎さんでした。**成果を出している会社のマネをする、これがもっとも成果の出る方法ですから。**彼が現役社長時代にやっていたのは、

早朝会議という手法です。毎朝、1時間ほど、始業前に会議をする。そして彼が現場で気づいた点や経営課題と思われる議題を30個ほど課題として投げかけて、集まった幹部や担当者とキャッチボールをしながらバタバタバタバタと決めていく。それを毎日やるわけです、毎日ですよ！

この手法を聞いて、「自分もやってみよう」と思い立ち、週に一度の月曜日の経営会議を2010年ころからスタートします。通常の会社は1カ月に一度の経営会議ですが、プリマベーラは毎週、年間52回会議を開催します。そして、**私が山のようにつくった議題を1議題1分から2分で担当者ともみながら、バタバタバタと決定して、片っ端からタスク化して、来週の月曜日をデッドラインとしてやりきらせます。**

この会議の結果……、莫大な成果が出ました。通常の会社が年間12回「普通のPDCA」を回すところを、年間52回、しかも「G」PDCA「Y」を回すのですから！まさに爆速経営。私は、**「社長の仕事は決定とチェック」と信じ込み、会議の議題を集めてきては意思「決定」をし、タスクの「チェック」をするという二大社長業務を週に一度の、この会議でこなしていたわけです。**

ずばり、**社長の仕事は、一週間のうち、この一日で終わり、と言っていいほど濃い会議**です（苦笑）。逆に言えば、**なぜ火曜日以降に社長は現場のある店舗を視察に行くのかというと、経営会議の議題になる課題を見つけに行っていたわけです。**

プリマベーラの利根書店が同業種で日本で一番の営業利益率を誇る理由、ドンドンダウン オン ウェンズデイ、ベクトル、ニコカウ・サンコメタダなどフランチャイズ店舗が軒並み日本一になった理由は、この会議にあったと言っていいくらい、この会議を通じて現場を変え続けてきました。そして、私が13年間毎月４００時間働き続けて、何をしていたかも垣間見えるかと思います。**社長業のキモである、「決定」と「チェック」を行う。**それだけでなく、**現場に自ら足を運んで「報告」をとりに行く。そして、「実施」度合いを「チェック」しに行く。ここまでどっぷり決定サイクルの4要素に関わっていたわけです。**

プリマベーラの経営会議は、二代目の新井英雄が引き継いで、現在は月に2回開催しています。

この経営会議こそが、成果の出る会議の仕組みの大本です。

ぜひ、一度ご覧いただき、ご自身の会社の会議スタイルを検討されるきっかけにすることをオススメします♪

第5章

実施できない理由をなくす

執筆：松田幸之助

実行確率を上げるための三つの仕組み

●マニュアル化、チェックリスト化、カレンダー化で実行確率を上げる

前述したように、会社の業績は、「戦略確率と実行確率の掛け算」で決まります。
戦略確率を上げるために重要なのが、
「報告の量と質を上げる」（日報革命の仕組み）
「決定の量と質を上げる」（会議の仕組み）
ことです。では、実行確率を上げるためには何をすべきでしょうか。
実行確率を上げるため重要なのは、
「実施できない理由をなくす」

ことです。

どんなにすぐれた戦略を社長が打ち立てても「実行」されなければ成果は出ません。

繰り返しますが、会社は決定で決まり実施で変わるのです。

たとえば、社長が「電話対応を強化する」という決定をし、

「電話対応は企業の印象を決める重要な業務なので、相手に不快な思いをさせないように注意してください」

と社員に通達したとします。

すると社員の多くは、「実施できない理由」「やらなくてもいい理由」を探しはじめます。

「社長は『不快な思いをさせないように』と言うけれど、具体的にどう対応すればいいのか、何をすればいいのかわからない」（↓だから、やらない）

「その決定は、いつから実施されるのかわからない」（↓だから、やらない）

「全従業員が実施すべき決定なのかわからない」（↓だから、やらない）

「誰が、いつから、どのようにやればいいのかわからない」ことを理由に、社員は電話対応の改善を後回しにします。

そこでプリマベーラでは、実施できない理由をなくすために、

①マニュアル化

……やり方（どうやるか、How）を教える（「スキルがないからできない」「やり方がわからないからできない」という言い訳をなくす）。

②チェックリスト化

……実施すべき項目（何をやるか、What）をリスト化する（「何をしていいのかわからない」という言い訳をなくす）

③カレンダー化

……いつ実施するかを明確にする（When）（「いつかやればいい」をなくす）

の三つを仕組み化しています。

マニュアル化で実施できない理由をなくす

・マニュアル作成マニュアル

■目的:使いやすいマニュアルを作成

■期待成果：1作成2時間かかっていたものが1時間に時間短縮
→10個作ったら10時間のアイドルタイムを捻出

■作成にあたって特記事項

[ ] 適当でもいいので50点くらいで作成してみる
[ ] 手書きでいいので叩きを作る
[ ] 期待成果を入れる
[ ] 必要なもがあれば書く（準備物）
[ ] 動詞く動作　具体的な言葉で書く
[ ] 伝わる言葉、伝わりやすい言葉を使う。ベクトル用語集、経営計画書に乗っている言葉をなるべく使う
[ ] 必要なもがあれば書く（準備物）
[ ] 動詞く動作　具体的な言葉で書く
[ ] 伝わる言葉、伝わりやすい言葉を使う。ベクトル用語集、経営計画書に乗っている言葉をなるべく使う
[ ] 誰が使うものなのか
[ ] 完成形の写真や工程の写真があると良い
[ ] 近隣店舗や誰かにみてもらう
[ ] やらなければいけないこと、やってはいけないことがあると判りやすい

■マニュアルのひな形は下記の形にしましょう。基本的には、
経営計画書の方針が最高のマニュアルの形です。

		伝えること
1 目的	このマニュアルは何のためにあるのか？を伝える	why
2 基本	大枠の基本方針をここで伝える	big what
3 具体的に	誰が、何を、いつ、どのようにやるのか具体的な方法を伝える	who what when how
・チェックリストやること（はじめに）		
・どのようにやるか（運用）		
・やってはいけないこと（禁止事項）		
・やらないといけないこと		
4禁止事項	やってはいけないことを伝える	
5目標	目標があれば、いくら、いくつ、何回やるのかを伝える	how much

チェックリスト化で実施できない理由をなくす

・集客打ち手リストの一例

どこで?	誰が?	何を?	どのように
集客	現場	社外ブログ	◆SEOチェックリスト
集客	現場	ホームページの買取実績追加	
集客	現場	店舗入口A型看板 ★203看板方程式	◆店頭ボード、A型看板の書き方
集客	現場	メール販促 ★715販促	
集客	現場	LINE	
集客	現場	YouTube等の動画活用	◆LINE・YouTube動画活用術スライド
集客	現場	他店へのビラ設置 ★532ゼロコストメディア	
集客	現場	店舗外壁のチラシ型看板	
集客	現場	一文字ポップ ★★339コンパクトはインパクト	◆1文字POPマニュアル
集客	現場	のぼり ★693のぼり	◆メディアのぼり季節MD・カタログ ◆リユースのぼりカタログ

カレンダー化で実施できない理由をなくす

- 毎日の掃除の作業計画カレンダーの一例

名前	樋口雅大	堀越智樹	堀越琴美	牧野拓真	鈴木湧太	内藤幹太
掃除	ルーティン上の掃除時間の他に20分間環境整備を行う担当表を参					
9	MTG	MTG	MTG			
	掃除	掃除	掃除			
10	買取	フロア	レジ			
	買取	フロア	レジ			
11	レジ	買取	フロア	価格帯		
	レジ	買取	フロア	価格帯		
12	買取	フロア	レジ	MTG	MTG	MTG
	買取	休憩	レジ	掃除	掃除	掃除
13	ヤフオク	休憩	休憩	買取	レジ	価格帯
	ヤフオク	フロア	休憩	買取	レジ	価格帯
14	休憩	レジ	フロア	フロア	買取	フロア
	休憩	レジ	フロア	フロア	買取	フロア
15	ヤフオク	買取	レジ	休憩	フロア	フロア
	ヤフオク	買取	レジ	休憩	フロア	フロア
16	レジ	フロア	フロア	買取	休憩	フロア
	レジ	フロア	フロア	買取	休憩	フロア
17	社員業務	メルカリ	フロア	レジ	買取	休憩
	社員業務	メルカリ	フロア	レジ	買取	休憩
18				フロア	買取	レジ
				フロア	買取	レジ
19				買取	フロア	フロア
				買取	フロア	フロア
20					フロア	レジ
					フロア	レジ
21					閉店業務	閉店業務

マニュアル化の三つのメリット

●マニュアルを作成し、サービスレベルの向上と均質化を図る

マニュアル化のメリットは、おもに次の「三つ」です。

【マニュアル化の三つのメリット】
①仕事の属人化を防ぐ（仕事に人をつける）
②サービスの均質化が図れる
③マニュアル変更でサービスのレベルが向上する

プリマベーラのマニュアル

新型コロナウィルス対策マニュアル

■今後社内で感染者が発生する可能性もあります。万が一に備えて、下記内容をご確認下さい。
店長、正社員の方は、パート・アルバイトさんへの共有をお願いします。
コロナ対策チェックリスト
https://docs.google.com/spreadsheets/d/1X_s2_f7kKbykQ7zToqBwyk2EkeJ3CJB4nMGO1iz80gk/edit

■方針

厚生労働省発表の資料では、5/8から対応が大きく緩和されていますが、感染が疑われるケースについては社内ルールとしては当面変更しません。
※世間の動向を注視しながら、随時解除していきます

■社内対策

•マスクの着用は、個人の判断に委ねます。
※換気の悪い場所、不特定多数の人がいる混雑した場所では距離をあけて会話
※医療機関を受診する時、混雑した交通機関に乗車する時はマスク着用を推奨
•コミュ会、さし飲み・さしランチ、お客様との懇親会は、人数制限を廃止とします。
•会議、勉強会は、開催人数の制限と廃止します。
※合同店長会議、TAM会、FAM会、本部会議、ベクトル勉強会等すべてに適用
•その他の運営については「非常時対策一覧」のとおり行動してください。

■発熱した場合の対応

■【37.0度以上 37.5度未満 の発熱】
●医療機関の受診
●症状がなくなるまで自宅療養する
●抗原検査キットでの検査は個人の任意とする。

■【37.5度以上】感染確認者との接触がない場合
●医療機関に電話で相談し、その指示に従って行動してください。
●症状がなくなるまで自宅療養する。

■【37.5度以上】少しでもコロナウイルス感染が疑われる場合
●従来のコロナウィルス対策マニュアルの記載通りに対応してください。

■感染が少しでも疑われる場合の対応(感染した場合も同様)

①咳が出る、突然の高熱、37.5 度以上の発熱、全身のだるさ、頭痛、筋肉痛、味覚異常、嗅覚異常等がある場合は上司に報告し、出勤停止とする。 ⇒有給休暇を使用
②上述の症状が、家族等にある場合も上司に報告し、指示を受けること。
③37.5度以上の熱が出た場合は、病院で診察を受け、 発症から5日経過、かつ、症状がおさまった後 1日(発症日は0日目)経過するまで出勤停止 とします。
④同居する家族が 37.5度以上の発熱をした場合、かつ家族の身近にコロナ感染者がいてコロナ感染が疑われる場合(濃厚接触者に該当)は、
・本人が発症してなければ、外出(出勤以外)自粛は不要
・本人が検査して陽性だった場合は 38行以降の対応、陰性だった場合は出勤 OKとします。
・本人が発症した場合は、発症から 5日経過、かつ、症状がおさまった後 1日経過するまで出勤停止とします(発症日は 0日目)
※発熱した事実を必ず店舗スタッフ全員に共有してください。隠さないようにお願いします。
休んでいただくことは自分のためでもあり、感染拡大の防止にもつながります。
⇒有給休暇を使用

■感染確認者と接触があった方(濃厚接触者)の対応

①本人が、最近感染確認者と接触があり濃厚接触者となった場合は原則5日間の出勤停止とする。(発熱確認日を含まない)
⇒有給休暇を使用
②家族等が、最近感染確認者と接触があり濃厚接触者となった場合でも、自分の体調不良の自覚がなければ自宅待機は必要なく出勤できる。
③家族等が陽性となった場合には自分も濃厚接触者になるので出勤停止とする。 PCR検査で自分が陽性となった場合には、38行以下の対応をとる。
陰性だった場合は出勤 OKとする。
④ ●家族に感染の可能性がある ●家族の職場、学校で感染者が出た ●間接的に感染の可能性がある など、判断に迷うケースがあると思います。コロナウイルス対策マニュアルにはケースごとの対応が記載されていますが、これですべてのケースの判断ができないので、感染の可能性が疑われる場合は必ず津久井、事業部長まで連絡をしてください。 その都度保健所に確認して判断します。

このマニュアルも、読むためのものではなく
参照するためのものなので情報量が多い!

①仕事の属人化を防ぐ＝仕事に人をつける

仕事の「属人化」とは、「特定の人にしか仕事のやり方がわからない状態」のことです。「この件は○○さんに聞かないとわからない」「あの仕事は△△さんでないとできない」といったように「人に仕事がつく」と、その人が病気で休んだり退職したりしたら、仕事が回りません。また、仕事がブラックボックス化（業務が可視化されないこと）して、不正の温床にもなります。

マニュアルをつくってノウハウを横展開すれば、「全従業員」が仕事のやり方を共有できるため、「仕事に人をつける」＝「誰でもできる」ことが可能です。仕組み化とは、誰がやっても再現できるということですから。

実際に私たちは「総務経理のマニュアル」などが、年間スケジュールで一式整っています。万が一、弊社の総務経理担当が退職したとしても、かわりの人が「マニュアル」を見ることで、仕事を止めることなく取り組むことが可能です。**このように「誰でもできる仕組み」にすることで「自分が辞めても会社は回る」ので、モンスター社**

員が誕生しづらく、従業員が素直になってくれるという効果もあります。

②サービスの均質化が図れる

「マニュアルさえ見れば、新人でさえも仕事ができる」ため、常に同じレベルのサービスを提供できます。中小企業で大切なのは、全員が同じ結果を残せることです。同じレベル、同じ品質の仕事が可能になれば、サービスの平均化・標準化が図れます。

特に私たちのようなサービス業では「接客」が大切です。お客様に気持ちよくお買い物をしていただくために、プリマベーラでは接客マニュアルをしっかりと作成しています。

Googleスプレッドシートで500行以上。文字数では1万文字以上の大作の接客マニュアルです。ごく稀にしか起きないような接客での例外事項もマニュアル化しています。「そんなに大量につくって読むのか?」と聞かれそうですが、マニュアルは「参照するもの」と考えてみてください。接客面でわからないことが現場で起こって、必要に

なったときに読んでもらえるようにつくるという設計にしておけば、いいわけです。
このようにマニュアルさえ整備しておけば、人財の「即戦力化」も可能になります。

③マニュアル変更でサービスのレベルが向上する

たとえば「電話応対マニュアル」を作成したあとで、「マニュアルの不備」や「マニュアルよりもよいやり方」が見つかったとしたら、「日報革命」で報告を上げ、「会議の場でマニュアル変更を意思決定」し、マニュアルを変更します。

ノウハウを積み上げることでマニュアルの質が上がるため、結果的にサービスのレベルも向上します。

最初から精度の高いマニュアル（100点満点のマニュアル）をつくろうとすると、マニュアルの整備に時間がかかります。大切なのは、多少穴があるのを承知で、「すぐに実施する」ことです。プリマベーラは、

「最初は50点でいいので、すぐにつくって、すぐに運用する。運用しながら変更・更

新を加え、60点、70点、80点……と精度を高めていく」
という考え方です。

①まずは50点のマニュアルを、早く雑に作成して共有する。
②不備や、よりよいやり方があったら日報で報告してもらう。
③マニュアルに取り入れる提案は社内通貨を付与する（社内通貨がもらえるからマニュアルの改善提案も、膨大な数があがってきます）。
④会議でマニュアル変更を意思決定する。
⑤ブラッシュアップされたマニュアルを全社に共有する。

これらを繰り返すことで「お客様や時代に合った」マニュアルを常に作成することが可能になります。

ノウハウを人に教えない人は、評価が上がらない

●人に教えるほど評価が上がるプリマベーラの人事評価

「マニュアルの精度を上げる」、あるいは「ノウハウを横展開する」には、「自分のノウハウや成功事例を他人に教え、公開する」ことが前提です。

ただし、なかには、「自分のノウハウを他人に教えること」「自分の成功事例を共有すること」に消極的・否定的な人もいます。

「教えなければ自分の優位性が保たれる」

「教えると自分の優位性を失う」

から、当然と言えば当然ですね。

たとえば、トップセールスのAさんがクロージングのノウハウを横展開したとします。するとAさんはトップセールスでいられなくなるかもしれません。なぜなら、全てのセールスパーソンがAさんと同じクロージングのノウハウを手にするからです。トップセールスの座から落ちれば、賞与や昇給も望めないので、「自分の評価を下げることはしたくない」と考えるのが、人間心理です。

したがって、自分だけが手柄を上げられるように、ノウハウを隠そうとします。

マニュアルの精度を高めるためには、成功事例やノウハウの横展開が前提です。

そこでプリマベーラでは、人事評価制度の中に「人に教えざるを得ない仕組み」を組み込んでいます。

プリマベーラの評価制度の点数は、5点満点です。

3点（平均点）……マニュアルどおりのやり方ができている。
4点……マニュアルを超えた優れたやり方を見つけて、行っている。
5点……成果を上げた方法や、マニュアルを超えたやり方を人に教えている。

つまり、どれほど成果を上げていても、その方法を人に教えていなければ4点止まり。満点は取れないルールです。

「うまくいったやり方を人に教えたほうが評価は上がる」ため、プリマベーラでは、「自分のノウハウを隠しておく」ことがありません。

ノウハウを隠して自分の優位性を保つよりも、人に教えて評価を得るほうが結果的に得をします。だからこそ、**マニュアルの整備とノウハウの横展開が進むのです。**

さて、「マニュアルをつくっても社員が使ってくれない」というお悩みの相談をいただきます。「使ってくれない」場合の対処法は、人事評価と連動させることです。

前述のように、私たちの評価制度の点数は5点満点です。

そして、私たちは平均点にあたる3点を「マニュアル通りのやり方でできている」としています。

つまり、マニュアルを使わない、マニュアル通りできない人は2点です。

もちろんマニュアルは「最低ライン」だと考えているので、「マニュアルよりも優れた方法を行っている人」を私たちは高く評価し、それらの方法を他の社員に教えている人をさらに高く評価しています。

そしてその優れた方法が「マニュアルに追加」されて、「マニュアルの基準」が高くなっていくのです。つまり、4点レベルの優れたやり方をマニュアル化することで、3点レベルのマニュアルの価値が上がるわけです。こうやって、マニュアルを変更することで全社、全従業員のサービスのレベルを均質化しているわけです。

マニュアルのつくり方にもマニュアルがある

●紙媒体ではなく、クラウド上でマニュアルを管理する

プリマベーラのマニュアルは、紙媒体ではなく、オンラインマニュアルです。数百を超える社内マニュアルは「Google ワークスペース」を利用し、クラウド上で管理しています。

プリマベーラでは、「Google スプレッドシート」という表計算ソフトを使ってマニュアルを作成しています。図表、写真、リンク、ワークシートの挿入が簡単にできるのがメリットです。

オンラインマニュアルには、

・どこにいてもアクセスできる
・検索機能がある
・紙資源を節約できる
・ページ数に制限がない
・常に最新版にできる
・リンクを貼れる（私たちは、さらに仕組み化を進めて、経営計画書もオンラインにし、経営計画書にマニュアルのリンクを貼っています）
・よく使うマニュアルをサイト化できる（Google サイトというホームページ作成ツールを使ってポータル化。例：メディア事業部のマニュアルポータルサイト／リユース事業部のマニュアル Google サイトなど）
・動画マニュアルの編集ができる
といったメリットがあります。

●「目的→禁止事項→手順→注意点→具体例→動画」

プリマベーラでは、マニュアルのつくり方にも、マニュアルを設けています。言うなればルールです。

マニュアルをつくっている会社は多くても、「マニュアルづくりのマニュアルをつくっている会社」は少ないのではないでしょうか。

マニュアルを活用するのは、現場の従業員です。だとすれば、「現場に則した、使い勝手のいいマニュアル」をつくる必要があります。マニュアルをつくる人によってマニュアルの体裁がバラバラだと、マニュアルを理解するのにも時間がかかってしまいます。そもそも、マニュアルをつくる人に「マニュアルをつくった経験」がなければ、使い勝手のいいマニュアルはつくれません。

マニュアルづくりのマニュアルを整備しておけば、「誰でもマニュアルが作成可能」になり、「わかりやすいマニュアル」がつくれるわけです。

【マニュアルづくりのルール】

①目的をつくる。「何のためのマニュアルか」を明確にする
②やってはいけないことを伝える
③手順を伝える
④注意点、ポイントを伝える
⑤具体例を入れる
⑥画像や動画を使う

ポイントは、**マニュアルの一丁目一番地に、何のためのマニュアルかを記載することです。**接客マニュアルであれば、「お客様が気持ちよく買い物できるように接客をするためのマニュアルです」と書くわけです。

そして、二つ目のポイントは、禁止事項をその次に伝えることです。たとえば、「ため口でお客様に接客する」などです。**「やってはいけないこと」をやらかさなければ、大事には至りません。だからこそ、禁止事項が先なのです。**

そして、⑥の画像や動画を多用するのもポイントです。**今の若い人は、文章を読みません（笑）。漫画世代、動画世代なのです。**だから、彼らに合わせて、文字ベースでもマニュアルをつくるけど、⑥の画像、動画を多用して、見てもらえる工夫をすることが大切なのです。時代に合わせて、プリマベーラも、画像や動画を多用しています。

チェックリストをつくって、作業のヌケ、モレをなくす

●チェックリストとは「何をやるか」の一覧表

チェックリストとは、作業内容などを一覧にしたものです。なお、決定や方針を実施したかどうかのチェックについては、次章で説明します。

【マニュアルとチェックリストの違い】

・マニュアル……**どのようにやるか**（やり方）
・チェックリスト……**何をやるか**（やるべき内容、項目）

このように、**マニュアルとチェックリストをあえて分けることで、実行確率は劇的に上がります。**「実行することが書いてあるのがチェックリスト」です。「実行のやり方が書いてあるのがマニュアル」です。この二つを混同すると、従業員は何をやっていいのかわからなくなります。

チェックリストをつくる理由は、おもに「六つ」あります。

【チェックリストをつくる理由】

①「何をすればいいのか」が明確になる。
②作業内容を確認しながら業務を進められるため、ヌケやモレがなくなる。
③必要な行動が記載されるため、作業の全体像を把握できる。
④業務の引き継ぎがしやすくなる。
⑤作業が完遂されたかを確認できる。
⑥チェックリストを更新することで、業務レベルが向上する。

プリマベーラでは、実行確率を上げるために（決定、方針を確実に実施するために）、

・環境整備点検チェックリスト
・ショートビジットチェックリスト
・情報環境整備点検チェックリスト
・ルーティン業務チェックリスト
・アイドルタイムチェックリスト
・習慣道チェックリスト
・金庫棚卸しチェックリスト
・あと１００円売上を上げるチェックリスト
・合同店長会議準備チェックリスト

など、「成果の出るチェックリスト」を数多く作成しています。

チェックリストがあると「その決定に対して、具体的に何をしなければいけないのか」が明確になるため、実行確率が上がります。このチェックリストも、成果を出すフレームワークです。サービス業だと、手持ち無沙汰なアイドルタイムが膨大な時間、

発生します。そのときに、何をすべきかが、明確になっていたら、仕事の生産性は上がります。そして、実行確率も上がります。その結果、成果が上がります。

この**「アイドルタイムチェックリスト」も、プリマベーラのバックヤードツアーで大人気です。**ぜひ、一度お越しいただき、写真を撮ってパクってください。

チェックリストは何をすればいいかを明確にする仕組み

ルーティン業務チェックシート

		1
毎日確認	店番記入済ハガキが、販売・クロージングカウンターに常時30枚以上設置されているか確認する。	
毎日確認	環境整備　20分　全員がやったら○をする	
毎日確認	開店業務(商品陳列、POS開設、レジ金準備、ショーケースコンセント入れ2か所)ができたら○をする	
毎日確認	メールフォルダ確認。(不要メール削除、アーカイブ、本日相場印刷)確認したら○をする	
毎日確認	チャットワークの確認。自店舗への連絡には返信、連絡帳に記入したら○をする	
毎日確認	ヤフオクの取引確認をする。取引確認で/を記入し、落札無し、または発送準備完了で×にする	
毎日確認	商品化する商品の確認。朝確認したら、/を記入し、商品化完了したら×にする	

実行確率が飛躍的に上昇する！

ルーティンに革命を起こすブックマークのチェックリスト化

●ブックマークバーを使ってルーティン業務を管理する

プリマベーラの経営幹部は、「Google クローム」のブックマークバー（アドレスバーのすぐ下に表示されている「お気に入りWebサイト」の表示機能）を「ルーティン業務のチェックリスト」として使用しています。

ブックマークバーに「朝フォルダ」という名称のブックマークをつくり、このフォルダに、「毎朝、チェックすべき仕事（サイト）」（Google ワークスペースの各サービスのURLやWebページなど）をまとめておきます。

ブックマークを通じて、「朝、何をすればいいのか」を整頓できるため、ルーティン業務のヌケとモレを防ぐことが可能です。

ほとんどの人はブックマークバーを効率的に使おうとは思わないと思います。ブックマークバーの並び方もルールがあるわけではなく、でためではないでしょうか?

このように既存のツールも、少し活用方法を変えるだけで、仕事の生産性が劇的に向上します。

このブックマークのチェックリスト化は、超おすすめの仕組みです。

余談ですが、プリマベーラのお店のパソコンはどこの店舗に行っても「同じブックマークバー」になっています。このようにすることで「人員不足でヘルプ」に行ったとき、どこに誰が行っても「同じような生産性」で仕事ができるようにしています。

人材難と言われていますが、このような「ちょっとした工夫」をすることで「仕事の生産性」はまだまだ上げられる余地があると言えます。

【吉川充秀の朝フォルダの例】

朝フォルダのつくり方

①「Google クローム」のブックマークバーに「朝フォルダ」をつくる。

吉川は朝開くサイトが多いので「朝1フォルダ」「朝2フォルダ」「朝3フォルダ」に3分割しています。

②「朝フォルダ」以外にも吉川が読んでおきたい正社員やアルバイトの日報革命のフォルダを管理しています。「正社員日報革命フォルダ」「アルバイト日報革命フォルダ」など。

③フォルダ内に、「朝起きたら確認するＷｅｂページ」をブックマーク登録する。

朝フォルダの活用の仕方

①「朝1フォルダ」→「朝2フォルダ」→「朝3フォルダ」の順番に開いて情報収集をする。

②「朝フォルダ」の確認を終えたら、「正社員日報革命フォルダ」「アルバイト日報革

ブックマークバー「朝フォルダ」

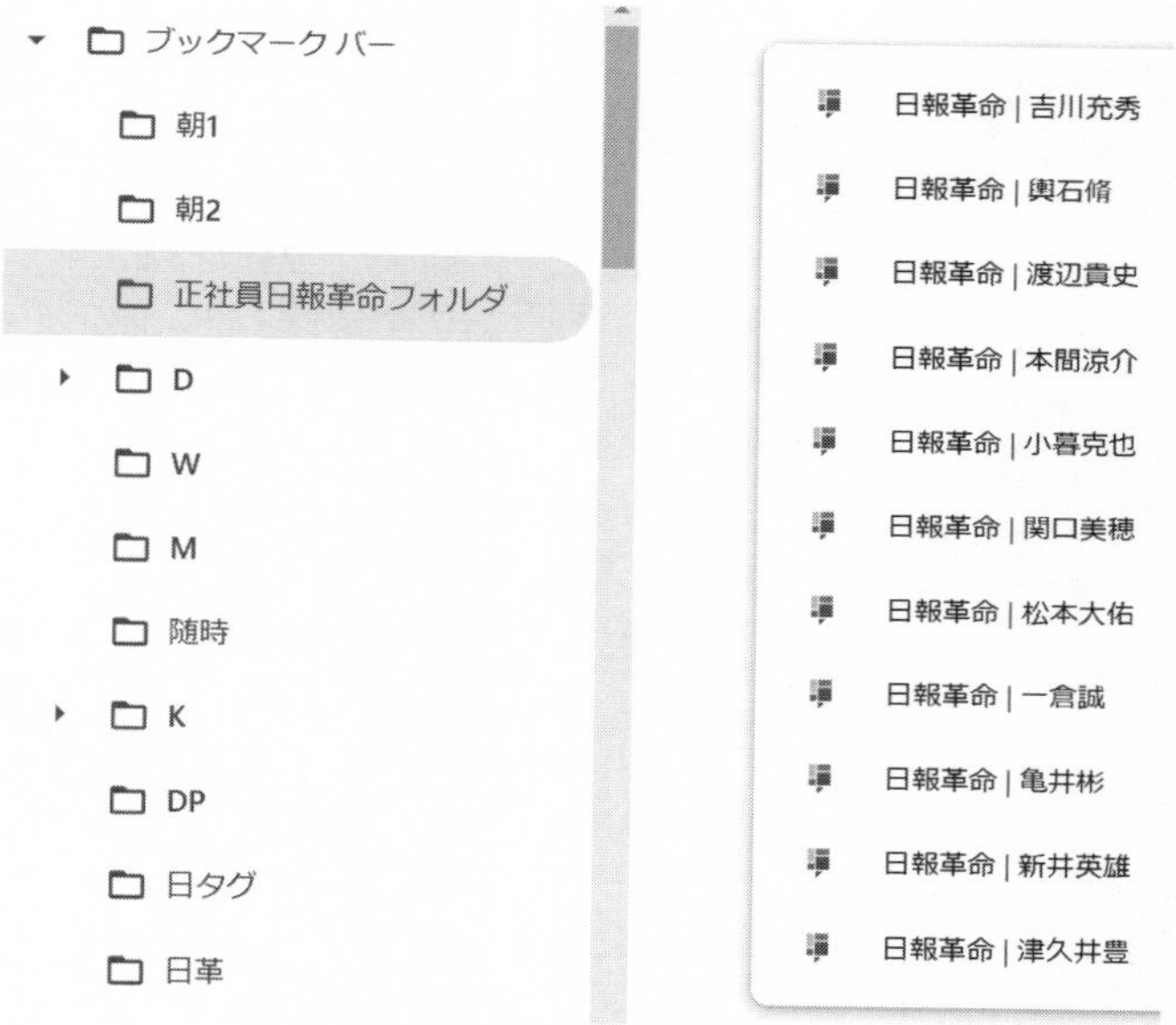

- ブックマークバー
  - 朝1
  - 朝2
  - 正社員日報革命フォルダ
  - D
  - W
  - M
  - 随時
  - K
  - DP
  - 日タグ
  - 日革

- 日報革命 | 吉川充秀
- 日報革命 | 輿石脩
- 日報革命 | 渡辺貴史
- 日報革命 | 本間涼介
- 日報革命 | 小暮克也
- 日報革命 | 関口美穂
- 日報革命 | 松本大佑
- 日報革命 | 一倉誠
- 日報革命 | 亀井彬
- 日報革命 | 新井英雄
- 日報革命 | 津久井豊

ブックマークをチェックリスト化して
仕事の生産性を劇的に上げる仕組み

命フォルダ」(吉川が読んでおきたい正社員、アルバイトの日報革命)を開いて情報収集をする。

このように、**ブックマークのチェックリスト化をすることで、システマチックに仕事ができます。**多くの経営者が、吉川のこの仕事のやり方を見て、「目からウロコ」とおっしゃってくれます。仕組み化経営を創った吉川自身のやり方が、まさに仕組みで動いていたわけです。

社長の時間の使い方は「重点主義」が基本

●「社長の仕事」の優先順位チェックリストを作成する

プリマベーラでは、

「社長の仕事も重点主義であるべき」

と考えています。

重点主義とは、「重要な要点に絞って仕事をする」ことです。

使える資源（ヒト、モノ、カネ、時間）には限りがあるため、重要度の高いものから順位をつけて実施します。

限られた時間の中で何もかもやろうとすると、結局は全てが中途半端になって、何もかもできなくなります。

そこで吉川は社長当時、**「社長の仕事の優先順位チェックリスト」**を作成しました。

自分の仕事を棚卸しして、

「より重要度が高い仕事（成果の出る仕事）」

「社長にしかできない仕事」

「得意な仕事」

に絞り込んでいました。

【優先順位をつけるときのポイント】

・社長の仕事の棚卸しをする（全て洗い出す）。

・「やめる仕事」「委任する仕事（人に任せる仕事）」「自分が関わる仕事」を決める（「赤→委任、やめる」「黄色→委任検討、もしくは移行中」に色分けするとわかりやすい）。

・「自分が関わる仕事」を重要度の高い順に「ＳＡＢＣＤ化」（最初はＡＢＣ化でもい

社長の仕事の優先順位チェックリスト

131113社長としての仕事の優先順位SABC表、社長の時間の使い方

ファイル　編集　表示　挿入　表示形式　データ　ツール　拡張機能　ヘルプ

100%　¥　%　.0　.00　123　Arial　10

J6　fx

	A	B	C	D	E	F	G	H	I	J
1	優先順位	S								
2	D	メール、ライン、チャット	意思決定	ブログ記入	社内ブログ収集	行動管理表記入	前業			
3	W	経営会議	人脈創り	出店場所決定	月次決算会議	業績検討会議				
4	M	銀行訪問	8コン	社長とのコミュ会	整骨院施術、情報収集	武蔵野チェック講師	合同店長会議ベクトル勉強会	ミスターフュージョン会議	新規事業会議（藤本さん）	商品別幹部会議
5	Y	経営計画発表会	経営計画書作成	海外視察	政策勉強会	小山スタッフ懇親会	経営方針・マニュアル集作成	海外社員旅行	経営計画作成合宿	実践経営塾懇親会参加
6	臨時	物件開発	M&A	新規事業ベンチマーキング	仕組み化会員お客様訪問	新卒カバン持ち面接				
7	その他候補	他社コンサル	他社社外取締役							

より重要度の高いものから取り組める仕組み

い）する（Sがもっとも重要）。

・3カ月に一度重要度を見直す。

この**「社長の仕事の優先順位チェックリスト」は、経営者の皆さんは、「喉から手が出るほど欲しい」チェックリストのようです。**吉川は、気がいいので、昔は無料で全てシートごと渡していました。経営サポート事業部の私たちからしたら、明らかな営業妨害です（笑）。

「誰が、いつ、何をやるのか」を決めなければ、方針は実行されない

●確定イベントは、事業年度計画に明記する

社長が方針を決定しても、「誰が、いつやるのか」を決めなければ、その方針は、絵に描いた餅になります。

そこでプリマベーラでは、**「カレンダー化」**に取り組んでいます。

カレンダー化とは**「誰が、いつ、何をやるのか」を決めて、スケジュールを共有すること**です。

カレンダー化の基本は、経営計画書の末尾に記載する**「事業年度計画表」**という年

間スケジュールです。

【事業年度計画に記載する内容】

①ベクトルカレンダー

毎日の朝礼時に読み合せる、プリマベーラの価値観教育のその日の用語を明記する。

②方針カレンダー

同じく朝礼時に読み合せる。経営計画書の方針のページを明記する。

③その他

従業員の誕生日、結婚記念日、長期有給休暇など確定している最低限のことを明記する。

各部門、各店舗のタスクやイベントなど、流動性をともなうスケジュールについては、Googleカレンダーで管理しています。業務の詳細なスケジュールは、事業年度計画には入れずに、Googleカレンダーに全面移行をしています。

●スケジュールは「アジャイル」に決める

プロジェクトの進め方には、一般的に「ウォーターフォール」と「アジャイル」、二つの手法があるといわれています。

・ウォーターフォール（確定的）
……上から下に向かって水が流れ落ちるように、事前に決めた流れに沿って開発を進める。プロセスを全て決めてからプロジェクトをスタートさせる。

・アジャイル（流動的）
……「機敏な」という意味。現場のニーズやフィードバックを受けて改善を繰り返しながら、柔軟に対応する。やるべきことに優先順位をつけて、重要なものから取り組む。

プリマベーラでは、「ウォーターフォール」と「アジャイル」の概念をカレンダー化に取り入れています。

スケジュールは、最初からきっちり決める「ウォーターフォール」ではなく、流動的に決める「アジャイル」で決めています。

アジャイルに予定を組んだほうが、市場の変化や急なスケジュールの変更に対応しやすいからです。

仮に「社内の会議」と、「大事なお客様」と会う日程が被ったら、どちらを優先するでしょうか？　私たちは迷わず会議の日程を変更します。

プリマベーラでは、社長の都合で社内イベントの日程はどんどん変わります。**より「重要な予定」を入れられるように「アジャイル」で決めて動くのが、プリマベーラ流です。**

●成果が出た取り組みを繰り返す

プリマベーラの事業年度計画

事業年度計画

事業年度計画　2023 年

日付	曜日	方針	ベクカレ	摘要
1	土	ベクトル	アイサツ	
2	日	規範	アイド	
3	月	スピード	アジャ	
4	火	ベクトル	アタリマ	長期休暇（宇津木直也）
5	水	理念1-	アトシマ	入金注意・長期休暇（宇津木直也・田島雅人）
6	木	スピード	アトデ	長期休暇（宇津木直也・田島雅人・高橋博）
7	金	ベクトル	アリガ	長期休暇（宇津木直也・田島雅人・高橋博）
8	土	理念9-	アンセイ	長期休暇（宇津木直也・田島雅人・高橋博）
9	日	スピード	アンテイ	長期休暇（田島雅人・高橋博）
10	月	17条	イイカケ	入金注意・長期休暇（高橋博）
11	火	ベクトル	イキイキ	
12	水	ロゴ	イッカシ	
13	木	スピード	イッポ	
14	金	ベクトル	イド	
15	土	発表	イマココ	入金注意・お中元買取開始（ゴ）
16	日	スピード	イヤナヤ	中期休暇（松田隆宏）

カレンダー化は、「成果が出た取り組みを繰り返す」ための仕組みでもあります。

たとえば、12月に「福袋」をつくって販売した結果、「成果が出た」とします。

このとき、社員の頭の中に「カレンダー化する」という発想があると、「来年も、同じことを繰り返す」「来年も、福袋を販売する」ことを意識しやすくなります。

Googleカレンダーの来年12月の予定に「福袋を販売する」と明記して繰り返し設定にして共有すれば、来年以降も、成果が出た取り組みが繰り返されます。**「成果が出たことを繰り返す」「成果が出たことを一度で終わらせない」ためにも、カレンダー化は重要です。**

複数のカレンダーをつくってイベントとタスクを管理する

●プリマベーラのカレンダー化の特徴

プリマベーラの社員は、Googleカレンダーをフル活用して、一人で複数のカレンダーをつくってカレンダーをフル活用しています。

・全社員で共有するカレンダー例
　全社カレンダー、メディア事業部カレンダー、社長の公式予定カレンダー、事業部長の公式予定カレンダーなど。

・非共有のカレンダー例
個人の予定カレンダー、家族の予定カレンダーといったプライベートなカレンダーなど。

一般的にカレンダー管理をするときは、「イベント（行事）」と「タスク（やること）」の区別がなされていない場合がほとんどではないでしょうか？　もし、実行確率を高めたいのであれば、「行動すること」と「それ以外の情報」を明確に分けるのがポイント中のポイントです。

なぜならば、「会社は決定で決まり実施で変わる」ように、実施をしなければ何も変わらないのです。であれば、**「実施」が埋もれてしまうカレンダー管理では、実行確率が下がってしまいます。**

したがってプリマベーラでは、カレンダー管理を「イベントカレンダー」と「タスクカレンダー」に分けることで、もっとも重要な「実行」が埋もれてしまわないよう

タスクカレンダーは実行確率を上げる仕組み

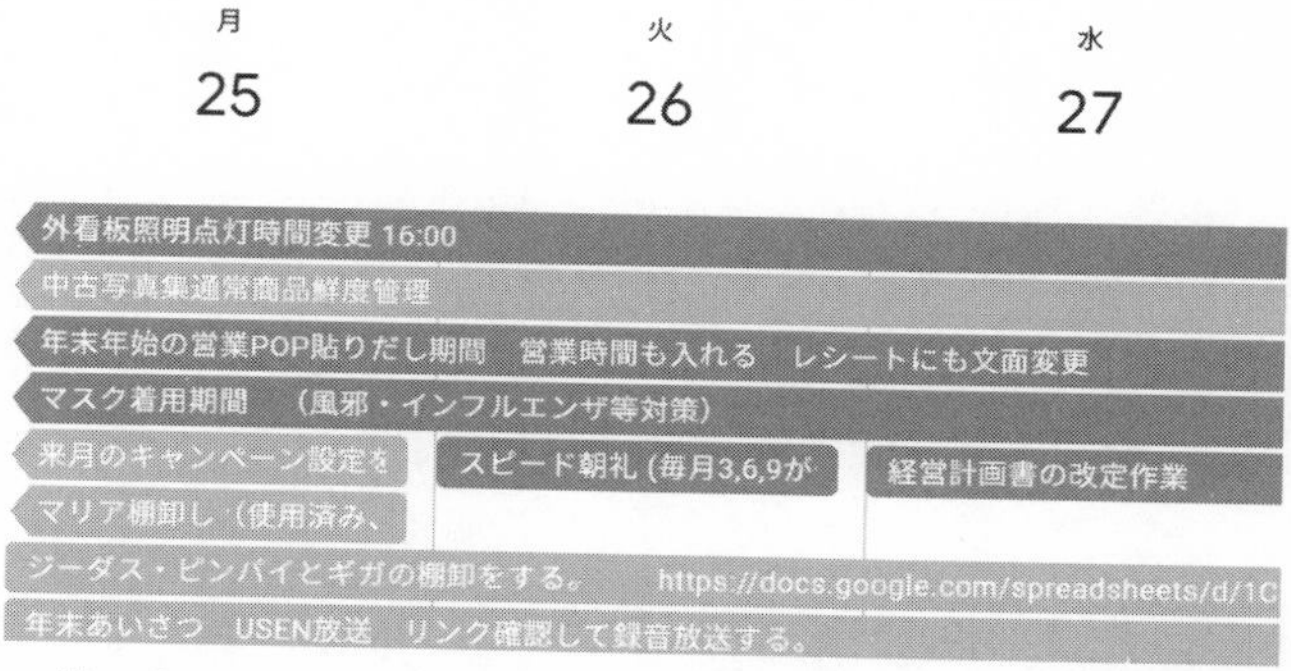

月 25 | 火 26 | 水 27

外看板照明点灯時間変更 16:00
中古写真集通常商品鮮度管理
年末年始の営業POP貼りだし期間　営業時間も入れる　レシートにも文面変更
マスク着用期間　（風邪・インフルエンザ等対策）
来月のキャンペーン設定を
スピード朝礼 (毎月3,6,9が
経営計画書の改定作業
マリア棚卸し（使用済み、
ジーダス・ピンバイとギガの棚卸をする。　https://docs.google.com/spreadsheets/d/1C
年末あいさつ　USEN放送　リンク確認して録音放送する。

※濃い色がイベントカレンダー、薄い色がタスクカレンダー

に配慮しています。

このように、カレンダーの仕組みも、**「実行確率を上げるために」設計することで、仕事のしやすさが劇的に上がります。**カレンダーを使い倒して、実行確率の高い組織をつくっていただけたら幸いです。なお、紙面の都合で書き切れなかった、マニュアル、チェックリスト、カレンダーワザは、他にもたくさんありますので、バックヤードツアーで弊社に来ていただければ、知りたいことをピンポイントでお伝えします。

第５章のポイント

- マニュアル化、チェックリスト化、カレンダー化で実行確率を上げる。
- マニュアルの精度を上げるには、「自分のノウハウや成功事例を他人に教え、公開する」ことが前提。
- 「マニュアルをどうつくるのか」をマニュアルに落とし込んでおく。マニュアルのマニュアルをつくる。
- 作業のヌケ、モレをなくすために、「チェックリスト」をつくる。
- 「誰が、いつ、何をやるのか」を決めなければ、方針は実行されない。

コラム

実行確率を上げる

執筆：吉川充秀

なぜマニュアル経営をはじめたのか？

私たちの会社の祖業はビデオ屋さんです。それもアダルトビデオショップ。1998年に創業し、毎年お店を増やし続けると同時に、たくさんの人を採用しました。では、私たちが優秀な人材を採用できたかというと、それがなかなか難しい業界です。当時はアルバイトスタッフでお店を回していたので、応募してくる人は、フリーターです。そして当時多かったのが、「ニート、引きこもり、オタク」と言われる、どちらかというと会社運営になじまない人たちです（苦笑）。でも、**そんな子たちを採用して戦力化しないと、私たちの店舗が成り立たない。**そこで、彼らの戦力化が喫緊の課題でした。そこで、**目をつけたのが、マニュアル化という仕組み化です。**

プリマベーラを長年ベンチマーキングし、マネし続けてきた長野県の同業のS社の社長がある日、お酒の勢い余ってこんなことを言いました。

「ぶっちゃけ、プリマベーラって人のレベルは低いですよね。どう見てもうちの社員のほうが、レベルが高い。なのに業績がこんなにも違う（この会社は当時、収益トントンでした）のが、不思議でならない」と。今思えば、失礼な社長です（苦笑）。私が大事に手塩にかけて育ててきた、可愛い可愛い従業員さんたちを「レベル低い」なんて言うんですから！

では、そのS社とプリマベーラの違いは何だったのでしょうか？ **リサイクルショップというビジネスモデルは同じなのに、利益が圧倒的に違う。それを人材面、教育面から言うならば、S社にはマニュアルがなく、運営する人によって業績がいい店舗と悪い店舗の差が大きい、ということでした。**

一方、プリマベーラには、特筆する優秀な人材はいませんでした。さらには元ニート・引きこもり・オタクの三拍子が揃った筋金入りが、プリマベーラの当時のナンバーツーです（苦笑）。そのニート・引きこもりを代表とする、**一般的には「落ちこぼれ」と言われる集団をマニュアル経営することで、誰もができるようにして、サービスを均質化してきたわけです。**

S社は、5点満点中5点のお店もあれば、2点のお店もある。**優秀な店長がいれば業績が上がるという属人的経営**でした。その結果、全店を平均すると3点の会社です。

プリマベーラは、マニュアル経営を行い、マニュアルが爆速で毎日のように改善されていきます。すると誰がやっても、マニュアル通りにやれば平均4点のお店ができます。**しかも、マニュアルを爆速で改善するので、4・1点、4・2点、4・3点とお店のレベルも上がっていきます。この仕組み化の有無が業績の差だったわけです。**

つまりは、**一般的に優秀とは言えないスタッフさんたちと一緒に働いたからこそ、彼らを戦力化して輝かせたくて、彼らの成長を乞い願ってマニュアルを創った。**必要にかられて、マニュアル経営をはじめたということです。

成果の出るチェックリスト「ショートビジットチェック」リスト

私たちの**プリマベーラのチェックリストの中で、もっとも成果が出ているチェックリストの一つがショートビジットチェックというチェックリストです。**これは、2007年に北海道の某企業さんをベンチマーキングしてから、16年間ずーっと欠かさずに続けているチェックリストです。前述したように、**皆さんがパクるべきは「儲かっている会社の習慣」です。**私はそこに目をつけて、当時、日本を代表するリサイクルショップのチェーンだったこの企業さんをマネして、チェックリストを創りました。それをプリマベーラ流にその後改善に改善を重ねて、守破離の「離」段階まで持っていき、今では、このチェックリストに基づいた現場チェックが、毎月の定例行事になっています。

ショートビジットチェックはどんなものかというと、売場づくりや商品の品揃え、あるべき販促のチェックリストです。**このチェックリスト通りにやれば、「売れて、お客様満足度が上がる」ように緻密に設計されています。**

チェックリストやマニュアルは、たくさんつくることが目的ではありません。それを使って、成果を出すことが大切です。つまりは、成果を出すためのマニュアルやチェックリストをつくることが肝心です。

そして、このショートビジットチェックのチェックリストは、今まで磨きに磨いて、大小合わせれば、一つのシートで16年間で1000回以上の改善をして、リストを書き換えてきました。このように、**一度つくったチェックリストに固執せずに、絶えず書き換え続けることが、マニュアルやチェックリストは大切です。だからこそ、マニュアルやチェックリストはデジタルでつくるに限ります。**ショートビジットチェックについては第6章で詳述します。

教えない人を評価しない

「教える」という行為は、簡単なようで複雑な問題です。なぜなら評価体系に関わってくるからです。一番稼ぐ人が、一番評価されて一番給料も賞与も増えるという人事評価体系だったらどうでしょう？　一見シンプルで公平ですが、この人は自分のノウハウを「絶対」と言っていいほど、人に教えません。私は何でも、人にホイホイ教えてしまうタイプですが、上記の評価体系になっていたら話は別です。貝のように口をつぐむことでしょう（笑）。

従業員さん同士を競い合わせる相対評価は、会社に緊張感をもたらす反面、このような「教えない」組織になる危険をはらんでいます。そこで、私たちは、**「教える人を最も評価する」評価体系にしました。**すると、今まで教えなかった人も、自分の技術を次々に教えるようになります（笑）。その中で、もっとも教えてきたのは誰か？　それが、私です（笑）。「仕事の生産性に革命を起こすほどの仕事術」を次々と惜しげもなく、無料で従業員さんに全公開してきました。仕事術だけでなく、**夜のベッド術も、**悩む従業員さんには教えてきました（笑）。そのくらい「オープンに」教えてきたわけです（笑）。

ある日、この本の著者の松田幸之助が、どこかの書籍で学んだワザを「門外不出なので教えられない」と言って、隠したことがあります。私はそれをネタにして、ことあるごとに**「門外不出で、人に教えない（けちくさい）松田幸之助さんが来ました」**と言い続けていじり倒しました。これ以降、「門外不出」という言葉を彼は一度も言うことがなくなりました（笑）。

実は、**「教える人を評価する」には、まずは社長自身が、それを本当にできるか、ということを問われます。社長と一般社員の差とは何でしょうか？ 実は、多くの会社の場合、それは「情報格差」です。社員が知り得ない経営情報や人事情報、ノウハウを社長が知っているから、社長は社長たり得るわけです。それで、自己重要感が満たせてしまうのです（笑）。はっきり言えば、社長は「自分だけは他の社員が知らない情報を握っているという特別感」が欲しいのです。私もかつてはそうでした。**

ところが、**この特別感を手放して、全てを従業員さんに教えると、次期社長をも育てることができます（笑）。私は、情報格差で自己重要感を満たすことは性分に合いません。知ってることは、必要な人には全て教えます。**新井英雄に全てを公開して、教えた結果、彼も「自分でも社長ができる」と自信がつき、今では、私の増収増益記録をあっさり超える結果を出しています（笑）。

教えるということは、自分自身の存在意義・アイデンティティにも関わってくるので、難しい問題ですが、教えれば教えるほど、従業員さんが成長し、社長も任せられる人が増え、楽になれます♪　そして、従業員さんも成長します♪　一度、この「社長としての特別感」を手放せるかということに向き合うといいかもしれませんね。言い換えれば、自身の自己重要感を満たすことを優先するか、従業員さんの成長と全員経営を優先するかという問題かもしれません。

仕事の効率が劇的に革命的に上がる朝フォルダ

この本の原稿を読んだときにビックリしました。「1760円の本で、朝フォルダのことを教えちゃうの?」と(笑)。それだけ、この「朝フォルダ」は超絶ノウハウなわけです。

この仕組み自体はシンプルです。**ブックマークの朝フォルダに、自分が毎日開くWebページを片っ端から全部放り込んでおきます。**私の場合で言えば、Gメール、チャットワーク、日報革命、メッセンジャー、Googleフォト、ゴミ拾い仙人のホームページ、利根書店の売上集計サイト、M＆Aの会社の新着情報、FACEBOOK、Instagram、空き物件情報、倒産情報、日経新聞、自分の書籍のアマゾンの書評……とにかく全てです。一番多いときには、一日130個のページを開いていました（笑）。

そして、**開いたページを左端から片っ端から読んで、処理して終わらせていきます。これが、朝フォルダの超絶テクニックです。**私は、仕事術オタクです。いろんな本を読んで、「この仕事術はすごい」というものを次々と取り入れてきましたが、**この朝フォルダを使った革命的な仕事術は、どの本にも書いてありませんでした。**

朝フォルダを使うと、ヌケモレがなくなります。毎日目を通すページが全てリスト化されているのですから！　当然、ネットには常に最新の情報が流れています。なので、毎日開くことで、最新情報にキャッチアップできます。そして、130個のページから、**片っ端から自分の会社の業績を上げるネタを、Evernoteにクリップして集めます。そして、これが経営会議の議題になります。**

社長の仕事が朝の3時間で終わる

この仕事のスタイルをとると、朝の2、3時間で仕事が終わります（笑）。なぜなら、社長としてのルーティンはこれでおしまいだからです。「仕事が終わった」あとは、店舗回りやセミナーなど、**自分が課題だと思ったことを重点的に解決するために、**ルンルンと鼻歌を歌いながら出かけていきます。この仕事術の恐ろしいところは、**朝のうちにすでにやるべきことをやり終えたという絶対的自信と爽快感があるから、アタマのなかを空っぽにできます。アタマがクリアだと、店舗の視察やセミナーに出かけると、恐ろしい量のひらめきがやってきます。**そして**それをまた経営会議の議題にして、片っ端から決めてタスク化をする……という成果が出続ける一連のルーティンが完成します。**

かつて、プリマベーラのバックヤードツアーに、東京都練馬区で葬祭場を経営する「株式会社まきの」の牧野昌克（まきのまさよし）社長がお見えになりました。彼とは日頃から仲良くしているので、弊社の本部事務所で「とっておきのワザを一つ教えますね」と言って、朝フォルダの仕事を教えてさしあげました。

すると、牧野社長は**「吉川さん、今日はもうこれだけでいい。これだけ持ち帰れば十分だ」**と言って帰りました（笑）。その後、彼が朝フォルダを活用しているかどうかは知りませんが、私からしたら、大好きな牧野社長を喜ばせたくて、成果の出るお節介をしちゃったわけです（笑）。

社長の仕事がチェックリスト化されて明確になり、爆速でルーティンをシステマチックに終わらせ、朝の2、3時間で一日上機嫌な気分をつくれる。この仕事のやり方はオススメ中のオススメ中のオススメです。

もし、皆さんがこの仕事のやり方で「助かった、あれはすごい」と思う方がいらっしゃったら、私の大好きな果物の桃を是非、私あてに送ってください♪　本社に送ると、従業員さんに取られちゃうので、私の自宅に送ってくださいね♪

第6章

「決められたことを実行したか」をチェックする

執筆：松田幸之助

環境整備を徹底し、「方針を実行する組織」をつくる

●社内の価値観が揃うと、実行確率が上がる

プリマベーラは、２００８年から、**「環境整備」**を経営の柱に据えています。株式会社武蔵野の経営サポート事業部に導入の支援をしていただきました。

環境整備とは、「整理」「整頓」「清潔」「礼儀」「規律」を徹底する取り組みです。

・整理……「捨てる」こと。

必要なものと不必要なものを分け、徹底して捨てる。やらないことを決める。

・整頓……「揃える」こと。
ものの置き場を決め、向きを揃え、いつでも、誰でも使える状態を保つ。決められた場所に名前、数字、色をつけて管理することで、「必要なものを、必要なときに、すぐ使える」状態になる。ものを探す時間、ものを取りに行く時間が大幅に短縮される。

お客様と接する売場は非効率に、バックヤードは効率的にする。店舗は効率よりも「お客様満足度」を優先する。お客様にとっての買いやすさ、商品の取りやすさを重視して陳列する。

・清潔……クレンリネス。清潔な状態を保つこと。
店舗や事務所をキレイにして、お客様を気持ちよく迎え入れる体制を整える。

・礼儀……気持ちのよい挨拶をすること。

・規律……整理・整頓、清潔、礼儀を守り、決められたことを実行すること。

社内美化のための掃除と、環境整備は似て非なるものです。

・一般的な掃除……掃いたり、拭いたりして、ゴミやホコリ、汚れなどを取り去る。
・環境整備………仕事をやりやすくする「環境」を「整」えて、「備」える。
　従業員の気持ちが荒まないように「整理」「整頓」をする。

　お客様が気持ちよく買い物ができるように店内を「清潔」にする。

　変化する市場環境に整えて備える。


プリマベーラが環境整備を経営のOSと位置づけているのは（43ページにて前述）、環境整備を徹底、習慣化することで、

「従業員の価値観が揃う」

「方針を実施する文化が根付く」

からです。

環境整備は「経営のOS」

組織は「方針を実施する」ＯＳがないとうまく動きません。環境整備はプリマベーラにとって、「方針を実施する」ＯＳをインストールするための活動なのです。

そして、後述する環境整備点検が、実行の進捗をチェックする活動にあたります。

報告の量と質を上げ、精度、確度の高い方針を決定しても「方針を実施する組織」ができ上がっていなければ、成果を上げることは不可能なのです。

●環境整備で価値観が揃う理由

環境整備は、

「1日も休むことなく、一人の例外もなく、毎日15分、全員で行う」

のが、プリマベーラの方針です。

毎日やるからこそ、習慣になります。**組織を変えるには、D・W・M・Yの左側、**

すなわち毎日のDから変えるのがもっとも有効です。

社員一人一人が、形を整えて、決められた場所に整頓する。モノ・形を整えると、価値観・考え方も整いやすくなります。**見えないアタマの中の価値観を揃えたいなら、見えるモノを揃えることが有効です。**人間は環境の動物なので、近くにあるものに似てくるのです。

社員の価値観が統一されると、会社として統制がとれて、実行確率が上がります。

環境整備は、社員にとって「やりたくないけれど、やらざるを得ないこと」です。3Gの義務の一つですね。「やらざるを得ないこと」をルール化することで、

「決められたことを決められたとおりに実行する」

「社員は社長決定を実施する」

という価値観が社内に浸透します。

同時に、環境整備は人事評価と連動しているため、やらないと評価が下がるように

設計しています。

【環境整備を成果につなげる】

・環境整備を徹底する。

全社員、毎日15分。「作業計画表」をつくり、どこを誰が掃除をするのかを明確にする。

←

・社員の価値観が揃う。

「社員には社長の決定に従う実施責任がある」ことを**自然と、日々の行動から認識する。**

←

・社員が同じ方向に向かって行動する。

方針を実施する組織になる。

↑
・実行確率が上がる。
↑
・成果につながる。

環境整備点検を実施し、方針の実行度合いをチェックする

●環境整備点検は、社長が現場に行く仕組み

プリマベーラでは、1カ月に一度、全拠点を対象に**「環境整備点検」**を行っています。クレンリネスや整理・整頓のレベルをチェックしています。環境整備点検を行うことで、

「決められた項目・方針が正しく実施されているか」
「チェックリストどおりに実施されているか」

を確認できます。

環境整備点検は毎月、全拠点を対象に行う

環境整備点検のチェックリストには、項目ごとに「評価」の欄が設けられていて、「○」か「×」を判断し、チェックをします。

「×」がつけられた項目は、実施が間違っていたことがわかります。すると、「チェックをされた側」は、「どうしてマルがもらえなかったのか」を検証し、「どうすればマルがもらえるのか」を考え、改善に取り組みます。そうしなければ、来月もまた「×」がついてしまうからです。

環境整備点検をすることで、

「やったことをやったままにするのではなく、チェックを受け評価を決める。そして、さらに改善を加えて次につなげる」

という意識が社員に根付くようになります。

また、環境整備点検を毎月行うことで、社長が自分の目で「現場」を見ることができる仕組みになっています。プリマベーラでは、社長だけでなく幹部も同行し、社長1名＋幹部3名でチェックをしています。

社長が現場に行って、現場の空気感、従業員のモチベーション、売り場・販促設備の状況を確認します。また、拠点と拠点の移動中は、車で移動します。その間は、幹部社員から報告を受ける貴重な時間になります。こうやって、**一見ムダに見える移動時間を、貴重なコミュニケーションの時間に変えるのもプリマベーラの仕組みの一つです。**

チェック項目を明確にすることで、環境整備が進む

●環境整備点検のポイント

プリマベーラの仕組みは、「成果」にこだわっています。環境整備点検も、「店舗がキレイかどうか」のチェックではなく、「チェックした項目が成果につながる」ことを重要視しています。

環境整備点検の以下の5ポイントについて解説しましょう。

【環境整備点検のポイント／一例】

①店舗では、「クレンリネス項目」と「整理・整頓項目」を明確に分ける

②経費削減につながるチェック項目を入れる
③備品の単価を見える化する
④「感染対策」を環境整備点検の項目に入れる
⑤忙しい月は点検項目を3分の1にする

●店舗では、クレンリネス項目と、整理・整頓項目を明確に分ける

・クレンリネス項目……お客様が気持ちよく買い物ができるようにする項目。
・整理・整頓項目……従業員の仕事をやりやすくして、生産性を上げる項目。

クレンリネス項目は、重点項目を決めることが大切です。「お客様が必ず通る場所、長く滞在する場所」を重点的にチェックするのが、プリマベーラ流です。たとえば、お客様は駐車場をほぼ100％通ります。そして、入り口ドアも100％通ります。ところがカウンターまでやってくるお客様は7割、トイレを借りるお客様はもっと

減って5%です。であれば、重点項目は、駐車場と、入り口ドアです、というように極めてロジカルに設定しています。

サービス業の環境整備で大切なのは、「クレンリネス項目（キレイかどうか）」と「整理・整頓項目（生産性が高いか）」を明確に分けることです。そして、クレンリネス項目は「お客様の動線」で重点化することです。

●経費削減につながるチェック項目を入れる

（例）「エアコンのフィルター清掃をしているか」→フィルター清掃をすると7%電気代が下がる（年間420万円削減）。

【ポイント】

一度清掃したら「効果が長続き」する場所を点検項目にすることで、経費削減につながります。とくにエアコンの電気代は軽視できません。「フィルター掃除をするか、

しないか」だけでも利益に大きな差が出ます。

●備品の単価を見える化する

テプラを使って見える化をする。「このビニール袋は2円する」ことがわかると、コスト意識が芽生え、コスト削減につながる。

【ポイント】
「会社の備品は使い放題」だと勘違いする従業員もいます。備品に単価を明記するだけで、無駄遣いの防止につながります。

●「感染対策」を環境整備点検の項目に入れる

(例)「お客様が利用するアルコール消毒の残量は3分の1以上で、本体とボトルが汚れていない」

【ポイント】

コロナ禍になって追加されたチェック項目です。お客様が安心して、買い物ができるようにしています。お客様の変化に応じて環境整備点検のチェック項目も柔軟に変更しています。

●忙しい月は点検項目を3分の1にする

年12回のうち、3月、6月、9月、12月は点検項目を3分の1にした「スピード環境整備点検」にする。

【ポイント】

繁忙期であったり、現場が忙しい月は、「環境整備点検のチェック項目」を減らすことで、現場の負担を減らすことが可能です。環境整備点検とお客様対応のバランスを考えることも重要です。プリマベーラで言えば、3月は引っ越しシーズンなので、買取の持ち込み量が多く現場が忙しい。6月はプリマベーラの決算期なので、棚卸しがあり忙しい。12月は1年でもっとも買取も販売も指数が上がる月なので忙しい。9月は、おまけです（笑）。

パソコンやデジタル情報も環境整備する

●散乱したパソコンのデスクトップは仕事の効率を下げる

環境整備には、備品やオフィス用品といった「形のあるもの」を整理、整頓する「物的環境整備」（２７６ページにて前述）のほかに、パソコンのデスクトップやファイル、フォルダの中身やデジタル情報を整理、整頓する「情報の環境整備」があります。

物的の環境整備で「仕事がやりやすい環境」が整ったとしても、

「デスクトップがファイルで埋めつくされている」
「メールの受信トレイに未開封メールが数百、数千もある」

「ファイルや動画、写真をダウンロードしたまま削除していない」
といった状態では、業務の効率化は実現しません。
そこでプリマベーラでは、情報の環境整備点検を実施しています。

物的環境整備（モノの環境整備）がある程度社内に浸透してきた2016年頃、吉川から突然、「情報の環境整備点検をしよう」と提案がありました。

提案に至ったきっかけは、「ある幹部のパソコン」にありました。吉川がふと幹部のパソコンを見たとき、

「デスクトップはアイコンで埋め尽くされてぐちゃぐちゃ」
「お客様やお取引様から連絡が来るメールの受信ボックスは、未読2万件以上」

という悲惨な状況だったそうです。

たしかに「職場」の物的環境整備が進んでも、「パソコンの中にある情報」が環境整備されていなければ、業務の生産性が落ちます。

デスクトップがアイコンで埋め尽くされていたら、必要な情報を見つけ出すのに、

どれだけ時間をロスするでしょうか。

メールの未読が2万件もあれば、重要なメールの見逃しもあるはずです。

私たちのような「小売業」の場合、「商品の注文」のご案内を見逃していたら、大きな売上ロスにつながります。つまり情報の環境整備ができていないことは、報告↓決定という「決定サイクルが回らない」こととイコールなのです。

そこで、私たちは社長直轄の「情報環境整備チーム」を立ち上げ、すぐさま「情報の環境整備点検の仕組み」の構築をはじめました。

第1章でもお伝えしたとおり、「物的環境整備は経営のOS」です。物的環境整備は、「方針を実行する練習」、野球にたとえると「素振り」に該当します。

そして情報の環境整備は、「方針を実行して成果を出す本番」、野球にたとえると「バッターボックスに立つ」行為です。

物的環境整備という素振りを繰り返して「方針を実行する組織」ができてきたら、次は「情報環境整備」という成果を出す本番に入るタイミングです。情報の環境整備

情報の環境整備の点検項目（抜粋）

Dropbox	Dropboxが情報の環境整備点検基準マニュアルに沿って使っていないファイルがない。
Gメール	受信トレイに前日の10:00以前のものがない。 迷惑メールが前日の10:00以前のものは削除してある。 下書きのメールが残っていない。 メールが2年以上前のものが無い（通販センターは対象外） （ゴールディーズは中外鉱業様のメールは除外する） ※チェック日の前2日分までは対象外 ・メールの検索で「older_than:2y」と入力しておく
デスクトップ	全てのPCのデスクトップのファイルは10コ以内になっている。 フォルダ、ファイルはチェック基準マニュアルに沿っている。 デスクトップに処理が終わっている不要データがない。 ※必須項目はタスクバーかデスクトップにあればOK 点検対策のために一時的に作ったと思われる、フォルダがある場合は× 遠隔でチェックしない作業用PCのデスクトップ画像を1箇所提出してもらう。
ブックマーク	各事業部のマニュアルにそって、ブックマークに指定されたものが全て入っている。 ブックマークが整頓されている。 ブックマークバーが常に表示されている。「一時」フォルダ内が5個以下になっている。 ※削除対象のブックマークが残っていた場合は×
日報革命	現在、在籍のスタッフのみになっている。 実績一覧から確認

は「決定サイクル」を「爆速回転」させるためにも重要なのです。
まずは、取り組めばすぐに生産性が上がる「簡単なチェック項目」から「実験」してみてみることをオススメします。

【情報の環境整備点検の実施のしかた】

・点検項目は全14項目
……点検項目の一部は前ページを参照。
・Zoomで店舗のパソコンを画面共有する
……点検者が店長に指定のファイルや画面を見せるように依頼してチェックする。
・「情報の環境整備委員会」のメンバーが手分けしてチェックする
……1店舗あたり10分程度。
・頻度は3カ月に1回
……かつては情報の環境整備が定着するまでは月に1回実施していました。現在では3カ月に1回で十分という判断をしています。

・もっともよく使うツールの環境整備点検を行う

……（例）スマホのアプリ配列／タブレットのブックマーク／書類の整理・整頓

・管理しすぎない

……管理は最低限にして、検索すれば見つかる環境にする。

「ショートビジットチェック」で理想の店舗づくりを実現する

●売上をつくるのは、バックヤードではなくて「売場」

環境整備は、「方針を確実に実施する組織」をつくるOSであり、会社の土台、会社の基礎を強固にするための取り組みです。あくまでも組織の文化をつくる活動であって、実際に売上を上げているのは、売場（現場、店舗）の仕組みです。

たしかに環境整備を通じて「ムリ・ムラ・ムダ」をなくせば、間接的に利益に好影響を及ぼします。

しかし、売上をつくるのは、バックヤードではなくて「売場」です。バックヤードの効率化を進めても、直接、利益には影響しません。このことがしっかりと理解でき

ない状態で「環境整備」を行うのは早計です。

プリマベーラでは、環境整備点検のほかに、**「成果の出る売場になっているか」を点検する「ショートビジットチェック」を実施。**ショートビジットチェックを徹底することで、全店舗の標準化が進みます。

繰り返しになりますが、「方針を確実に実施する組織」というOSに「成果を出す仕組み」というアプリが乗ることで、「売上・利益」が伸びます。

「方針を確実に実施する組織」だけをつくっても、あるいは「成果を出す仕組み」だけをつくっても、結果にはつながりません。両方揃ってこそ、です。

・環境整備点検……成果を出すための「事前準備」ができているかのチェック。
・ショートビジットチェック……売場や販促など、「成果が出る取り組み」ができているかのチェック（理想的な店舗をつくるためのチェック）。

【ショートビジットチェックのポイント】

・項目は全て「期待成果」を算出する。

「この取り組みをするといくらの売上が上がるのか」を数値化してリストをつくる。

ショートビジットチェックの仕組みをつくるには、ポイントがあります。

それは、**「チェック項目を改善することで、いくら売上が上がるのか」を全て「数字」に置き換えることです。第４章でお伝えした「期待成果」を算出するのです。**

チェックの仕組みをはじめてつくるときは、「際限なくチェックしよう」と考えがちです。ですが、チェック項目を際限なく増やしてしまうと「対策の準備」に時間がかかってしまい、本来の重要な業務が滞ってしまう恐れがあります。

期待成果を算出せずショートビジットチェックを実施すれば、現場から「これは何の意味があるんですか?」と否定的な質問が出てきます。

しかし、「このショートビジットチェックをすることで、年間１００万円の売上増につながるからお願いね」と、具体的な数字を伝えれば、現場は納得します。

具体的には、「チェックしたいこと」を全てリストアップしてから、**一つひとつの期待成果を計算し、「期待成果の高い上位のチェック項目」だけでチェックリストをつくるのがもっとも効果的です。**

この考え方は、全てのチェックリスト作成に適用できる「成果を出すためのＤＭＤ（違いをもたらす違い）」です。

（例）貴金属リユースショップのゴールディーズ／「腕時計の売り場の鮮度管理」

「３カ月間、売れなかったものは値段を下げる」というチェック項目。

・値段を下げることで滞留在庫が減る。

↓

・滞留在庫が減って新着商品を増やすと、お客様の来店頻度が上がる。

↓

・１店舗で90万円、６店舗で年間５４０万円の販売ロスを防止できる。

環境整備点検には、間接的に損益分岐点を下げたり、実行確率を上げるといった中長期的な効果はあります。しかし、すぐに成果を求めるのであれば、ショートビジットチェックが効果的です。

プリマベーラの23店舗を、相関分析をした結果「ショートビジットチェックの点数が高い」店舗ほど、「売上が高い」ことが明らかになっています。まさに成果が上がるチェックリストです。この他にも、ショートビジットチェックには、いくつものメリットがありますが、紙面の関係上割愛します。ショートビジットチェックは、多店舗展開している会社ほど、有効です。

ショートビジットチェックは成果の出る売場づくりの仕組み

項目	チェックポイント	配点
売込	・全店週間イメージランキング商品に超人気・人気作シールが貼ってある。 単品で3面以上ある場合は、面の数の半分以上に貼る。 ・週間人気作のランキングコーナーに歯抜けがない。 欠品している場合は繰り上げて穴埋めしている、または　DN商品で埋めてあればOK。	3
鮮度管理	・イメージ中古価格は価値に見合うもので適正であり、 滞留が半年以上の古い商品はマークダウンしてある。 ブックの商品10本を無作為に抽出してチェックする。 野菜　SPIM、チャレンジSPIM、SPIMPから無造作に5枚チェックする。	3
欠品防止	・POSの売れ筋チェック機能を見て確認する。チェック日より　30日以内の稼働からチェックする。 イメージは全店月間ランキング20位までで、欠品2タイトル以内まで。 ※店舗によって扱ってないメーカーがランクインしている場合は、 それを除外して繰り上げでチェックする。	3
鮮度管理	・写真集とアイドル雑誌の面陳商品は鮮度がよいものか売れ筋、 またはオススメ商品が並んでいる。リパックが必要な状態の商品がない。	3
販促・買取訴求	・日焼けしたラベルがない。 ・最新のWANTEDPOPが貼ってある。お客様からみてすぐに気付かなければ×。 ・高価買取リストが新品売場に1か所、中古売場に1か所取付してある。 ・立ち読み用写真集が最低5冊売場にある。※本庄は最低3冊でOK。	3

「実行革命」を使って、タスク管理をする

●「実行革命」を使うと、実行確率と実行スピードが明確になる

「会社の決定が正しく実施されているか」をチェックするために、プリマベーラでは、さまざまなタスク管理ツールを運用してきました。

タスク管理ツールとは、作業であるタスクやプロジェクトの進行度合いをわかりやすく管理するツールです。タスク管理ツールを活用すれば、作業やプロジェクトの進捗を可視化し、タスクの遅延やモレを防げます。

ですが、既存の管理ツールには、次の点で使い勝手に不満が残りました。

・タスクが終わったことをチェックするシステムがない。
・相手のタスクが完了しても、実施の精度がわからない。
・実行している人と実行していない人を定量化できない。したがって、社員の頑張りを正しく評価できない。
・決められた期日に対して、どれだけ余裕を持って終わらせたか、あるいは何日オーバーしたかを可視化できない。

こうした既存システムの欠点を補うため、現在は、**「実行革命」というタスク管理ツールを自社開発し、運用しています。一般販売も開始しています。**

実行革命は、従業員の「実行確率」と「実行速度」を自動集計するツールです。

・実行確率＝期限内にタスクを完了させる確率
・実行速度＝タスクが完了する速度

●データドリブン経営で成果を最大化させる

通常のタスク管理ツールと弊社が開発した実行革命の一番の違いは「データドリブン経営」ができるように設計していることです。データをもとに意思決定ができるということです。

通常のタスク管理ツールでは「実行のデータ」が蓄積されておりません。

しかし実行革命では

・誰が期日内にタスクを完了させたか
・誰がいち早くタスクを完了させたか
・誰が期日内にタスクを完了させていないか
・どのチームが実行確率が高いか
・どのチームが実行確率が低いか

プリマベーラのタスク管理ツール「実行革命」①

マイページ

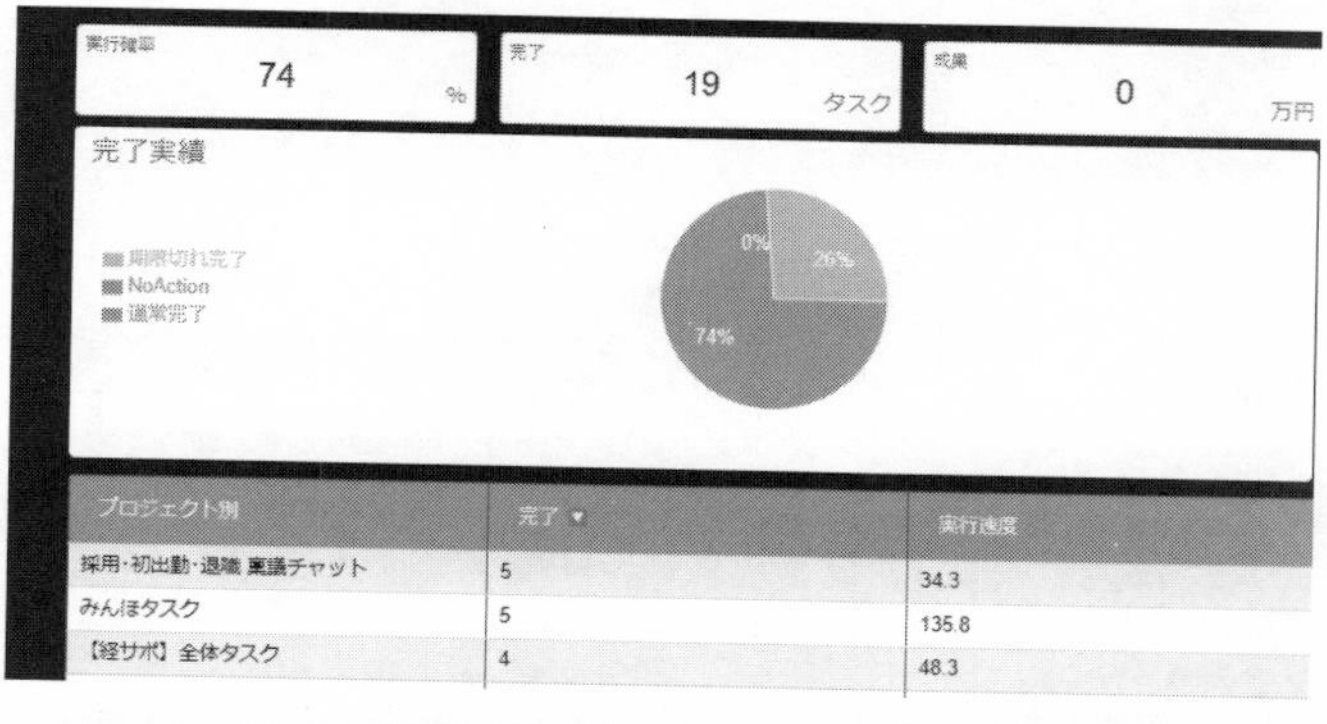

本間涼介 EL

担当タスク

承認待ち	進行中	次のタスク	保留
14	5	18	4

依頼タスク

承認待ち	進行中	次のタスク	保留
25	2	17	7

実行確率	完了	成果
74 %	19 タスク	0 万円

完了実績

期限切れ完了
NoAction
通常完了

0%
26%
74%

プロジェクト別	完了 ▼	実行速度
採用・初出勤・退職 稟議チャット	5	34.3
みんほタスク	5	135.8
【経サポ】全体タスク	4	48.3

従業員の実行確率と実行速度が自動集計できる！

プリマベーラのタスク管理ツール「実行革命」②

タスクの進行状況が一目でわかる！

・全社での実行確率は何%か

などを「データ化」しているので、数字を元にしたマネジメントが可能になります。

同じ仕事を行っていたとしても「毎回期日ギリギリで終わらせる人」と「すぐにタスクを処理する人」が同じ評価だと不平等です。実行革命を使うことで「社長の方針を実行している人」を「正しく評価」することが可能になります。

また、実行確率や実行速度が「**可視化**」されているので、実行確率や実行速度が低い従業員は言われずとも仕事を行うようになる仕組みでもあります。

●決定サイクルが回り出すと、会社が激変する

ビルメンテナンス会社の「南信ビルサービス株式会社」(小野澤実(おのざわみのる)社長、年商27億円)は、仕組み化による「決定サイクル」が回りはじめたことで、業績を堅調に伸ば

しています。小野澤社長は、同業の二社をM&Aで傘下に収め、業容を拡大している敏腕社長です。

南信ビルサービスでは、「報告」「決定」「実施」「チェック」に次のような変化、改善が見られたそうです。

【南信ビルサービスのおもな変化】

日報革命導入による「報告」の変化

・社内コミュニケーションが良くなった。
・社内通貨制度やテンプレートを活用したことで、「日報の質」が上がった。
・「ゲーム感覚」で楽しみながら投稿ができるようになった。
・他事業部やグループ子会社の日報も共有しているので、会ったことがない人同士でもやり取りが可能になった。
・グループ3社の社員全員の動きを確認できるようになった。
・日報にコメントを入れることで、リアルでは会えなくてもコミュニケーションが成立するようになった。

・**改善提案を検討することで、会社の仕組みづくりを全社的に行えるようになった。**

・社員個々の気分、モチベーションが数字となってわかるため、**日報が離職防止に役立つようになった。**

「決定」の変化

・「Google スプレッドシート」を活用することで、

「議事録をあらためてつくる必要がない」

「振り返りがしやすい」

「事前に議案が出ているので、会議のスピード感がアップする」

「シートを切り替えるたびに頭も切り替えられる」

などの効果が得られた。

・**会議が社員教育の場にもなっていて、社員の数字に対する感度が上がった。**

・未来への種まきが可能になった。

「実施」の変化

・決定の質が上がったため、実施の質も上がった。

・チェックの仕組みを構築したことで、実行確率が上がった。

チェックの変化

・「会議でチェックする」と決めてからは、実施のモレがなくなった。

・KPIとKGIの概念を理解したことで、「より重要な目標に向かって行動しているか」をチェックできるようになった。

南信ビルサービスでは、プリマベーラの仕組みを導入した結果、3年間で「売上122%アップ」「営業利益550%アップ」と急成長。とくに営業利益のアップが大きく、固定費の削減をしながら売上増を実現しています。

第6章のポイント

- 環境整備とは、「整理」「整頓」「清潔」「礼儀」「規律」を徹底する取り組み。
- 環境整備を徹底すると、「決められたことを決められたとおりに実行する」「社員は社長（会社の）決定を実施する」という価値観が社内に浸透する。
- チェック項目を明確にすることで、環境整備が進む。
- 備品やオフィス用品だけでなく、パソコンの中身（デスクトップやファイル、フォルダの中身）やデジタル情報を整理、整頓する。
- ショートビジットチェックを徹底することで、全店舗の平均化、標準化が進む。

コラム

方針を実行する組織にする

執筆：吉川充秀

緊張と緩和のバランスを6：4にする

「ゴミ拾い仙人さんの吉川さんの組織じゃ、社員さんはきっと緩そうで楽しそうですね♪」と最近、会った人からは言われます。半分当たりですが、半分外れです（笑）。**プリマベーラの基本的な考え方は、「お客様と数字にはふざけない」**です。**お客様と数字には緊張感を持って当たる。ただし、それ以外は緩くていい、つまり、ふざけていい**（笑）。これを**「緊張と緩和」のバランスと言っています。**実は**もっとも従業員さんがパフォーマンスを発揮するのが6：4です。**緊張6で、緩和が4。もう少しわかりやすく言うと、**ストレスが6割で、リラックスが4割。私たちはこのバランスを重視**

しています。

この延長線上で、仕組み化と幸せのバランスがあります。**仕組みでガチガチに固めると従業員さんは疲弊します。**かと言って、緩くやり過ぎると、好き勝手な仕事しかしなくなり、組織は崩壊します。

私たちは、「**方針を実行する組織を創る**」をモットーにしてきました。前述したように、マネジメントレベルとは実行力の高い組織のことです。軍隊のような規律で、上官の言うことは「右向け右」で実行に移せたら最強です。**私たちは、方針を実行する組織を仕組みで創り上げながら、同時に従業員さんの幸せも追求してきました。そのおかげで、軍隊のようにきついピラミッドではなく、緩いピラミッド組織になり、居心地がよく、心理的安全性が担保される会社になったわけです。**

経営計画発表会というショックで人を変える

では、方針を実行する組織にするにはどうしたらいいでしょうか？ **人間は、ショッ**

クとリピートでしか変わらない、これが19年間幸せ研究をしてきた、幸せの専門家としての私の持論です。交通事故で、生死のはざまを行き来するようなショッキングな出来事があると、人生観が激変することがあります。

経営において、このようなショックは引き出せないまでも、**年に一度、ある程度のショックを従業員さんに与える機会をプリマベーラでは設けています。それが経営計画発表会です。**この会で、当時カリスマ社長だった私が、社員を鼓舞する演説をスティーブ・ジョブスばりにするわけです。「**プリマベーラは、社員の皆さんのためにある会社です。プリマベーラの経営目的は、人件費を上げることです！**」と啖呵を切ります。そして、その発表会を見学に来た全国の社長や幹部が、第二部のパーティーで、プリマベーラを褒めそやします。「**こんないい会社見たことない。人件費が会社の目的なんてはじめて聞いた。素晴らしい社長に恵まれて幸せだね。できれば、自分もプリマベーラに就職したい**」。

そんなことを言われて、プリマベーラの従業員さんは、いい意味でショックを受けます。「**そんなにいい会社だったのか、プリマベーラは**」。**そうすると、プリマベーラ**

を辞めづらくなります。これも全て、シナリオ通りの仕組みなのです（笑）。なお、カリスマ社長時代の私の過去の経営計画発表会動画をご覧になりたい方は、プリマベーラの経営サポートまでお問い合わせくださいね♪

環境整備というリピートで人を変える

しかし、年に一度のことはすぐに忘れます。D・W・M・Yの右側ほど弱いのです。所詮365分の1の出来事ですから。だから、**毎日行うデイリーの習慣を何にするかが大切です。**その毎日の習慣こそが、環境整備です。プリマベーラでは、「毎日決められた場所を、決められた人が何分掃除をするか」がチェックリストに組み込まれています。**従業員さんは、いつの間にか自然とその通りに掃除してくれるようになります。実はこのことこそが、「会社の方針を実施している」ことに他ならないのです。これが、ショックとリピートの「リピート」の部分です。**

環境整備という行為は、短期的には、掃除や整頓です。やっていることはお掃除そのものですから。ところが**長期的に見れば、「方針を実行する組織にする」という大目的につながっているわけです。**

仲間の社長がこんなことを話してくれました。「せっかく、俺がいいことを教えてもさあ、できる会社とできない会社の差があるんだよね。それが何の差かわかった。**環境整備をやっている会社は、できちゃうし、環境整備をやってない会社はできないんだよなあ**」。

環境整備をやっている会社は、方針を実行するというOS、オペレーティングシステムが組織にすでにインストールされているのです。だから、どんなアプリが、乗ってもできちゃうわけです。環境整備をしてない会社は、OSが組み込まれてないことが多い。だから、**せっかく儲かる成功事例や仕組みがあっても、そのアプリを開けないのです。社長が「やるぞ」と言った方針を実行する組織になっていないのです。つまりは実行確率が低いのです。**

これだけ**成果にこだわって、ムダなことをしないプリマベーラが、なぜ一見ムダに見える環境整備を2008年から15年間も続けているのか。それには、この環境整備**

に対する、ちょっとした洞察があるからです。

環境整備点検のシートを最適化する

私は凝り性です。現役社長時代は、「仕組み化日本一の中小企業を創る」と豪語していましたから、**私が関わる経営項目は全て最適化してきました。**経営計画書、経営計画発表会、環境整備、資金運用、銀行訪問、数値管理、データドリブン、マーケティング、マネジメント、人事評価、コミュニケーション、日報、採用、人財教育、価値観教育、表彰制度、マニュアル、チェックリスト、昇進制度、朝礼……、もうとにかく全てです（笑）。

一度は、他の会社さんにノウハウを教わります。そして、言われた通りに愚直にやる。ところが途中から、たくさん気づきます。「もっとこうしたほうがいいのではないか」と。そして、少しずつ変えていきます。その結果、教えていただいた会社さんのモノとはまた別のオリジナルなものができあがります。守破離の「離」ですね。それを、仲間の会社の社長さんに教えると、ビックリされます。

「吉川さん、このノウハウ、やばいね。よく思いついたね。これぱくっていい？　**今日は１００万円級の仕組みをタダで教えてもらっちゃった**」とホクホク顔です（笑）。

今では、「その仕組みを自社だけで独占して持っているのはもったいない」と思い立ち、皆さんに経営サポート事業部として、コンサルティング部門を立ち上げ、中小企業の経営の仕組み化のお手伝いをさせていただいています♪

環境整備点検シートもその一つです。とある社長さんが「吉川さん、うちの会社、10年以上も環境整備してるのに、どうも片付かないんだよね。何が悪いんだろ？」と言うので、「点検シートに、この項目は入ってますか？」と一言を伝えたところ、「それだ！！！！！！！！！！」と気付き、たったその一言で今まで10年来、悩んでいたことが解決したそうです。

その項目は、「魔法の項目」と言って、この本からは、上手に松田が抜いてあります（苦笑）。１７６０円では教えたくないのでしょう（笑）。これも、**環境整備という項目を最適化し続けて、絞り出されたたった一行のノウハウなのです。**

私たちの会社は、仕組み化の「最後の駆け込み寺のようだ」と時々コンサルティング先のお客様から言われます。他の研修会社さんの仕組みを導入したけどうまくいかない。それが、プリマベーラに相談するとうまくいくケースが多々あるのは、こと仕組みに関しては、とてつもない量のトライアンドエラーを繰り返してきたからと言えるでしょう。

「情報の環境整備点検」を発明する

かつて、知り合いのWEBマーケティングの会社の社長が悩んでいました。「うちの会社、モノがパソコンとデスクしかないから、モノの環境整備点検のシートをつくるのに、チェックする項目がないんだよね」と。そこで私からアドバイスをしました。「それなら、情報の環境整備点検をしたらどうですか？　御社の社員さんはパソコンの中がきっとカオスだと思います。そして、**WEBマーケティングの会社ですから、モノを環境整備するより、情報を環境整備したほうが、はるかに生産性が上がりますよ**」

と。

すると、目から鱗が落ちたかのように「その通りだ！　まさか、吉川社長のところって、情報の環境整備点検ってやってますか？」。私は、「もちろんです。**情報の環境整備点検のおかげで弊社の情報環境がバッチリ整い、ファイルを探す時間、いらないデータを捨てることで無駄なサーバー代を圧縮できています**」と答えました。これが、情報の環境整備点検を、他の会社さんに教えた一番最初です。

この情報の環境整備点検は、私が珍しくゼロから開発したノウハウです。**プリマベーラのように51店舗＋5拠点もあると、通常の会社であれば、自分たちのやり方で情報を好き勝手に管理をして、カオスになります。ファイルやフォルダの整頓は、店長の数だけ、いやパソコンの数だけ独自のルールができあがってしまいます……**。ところが、**プリマベーラには情報管理のルールがあります。そのルールに則ると、仕事がしやすいデジタル情報環境を見事に整えることができます。**

私から見ると、これだけ経営の現場において、情報量が増えて膨大になったというのに、モノの環境整備点検だけに力を入れて、情報の環境整備点検にあまり力を入れてない会社が多いことが不思議でなりません。

環境整備とは、大きく考えたら市場環境の変化に備えることです。であれば、**情報量が毎年指数関数的に増えている今こそ、情報の環境整備点検をはじめる絶好の機会ではないでしょうか。**

プリマベーラのバックヤードツアーは、前述したように、**バックヤードはおろかパソコンの中までフルオープンでお見せします。**どういうルールで、全56拠点の、200台近いパソコン内を環境整備しているのかを、現場で一度ご確認いただけたら幸いです。

第7章

「経営計画書」に方針化する

執筆：松田幸之助

経営計画書は、「成果の出る会社をつくる」ための道具

●経営計画書を使って、社内のベクトルを合わせる

プリマベーラでは、毎年、経営方針のアセスメントを行い、経営計画書を磨き上げてきました。

創業者の吉川は、「仕組み化日本一の中小企業を目指すプリマベーラにとって経営計画書こそが、全ての仕組みの総本山」と述べています。

◎経営計画書の定義

方針編、数字からなる諸表編、年間スケジュールである事業年度計画、ベクトル用

語解説の四つを1冊の手帳にまとめたプリマベーラのルールブックです。
「してはいけないこと」と「しなければならないこと」を明記しているため、社員が「どう行動すればいいのか」に迷ったら、経営計画書が指針となります。
守るべきルールや実行すべき方針を明文化しておくことで「誰が、いつ、どこで」読んでもブレることがなく、社員全員が価値観を合わせることができます。

会社の方針に対して、社員が共通の認識を持っている会社とそうでない会社では、その差は歴然です。

まして、その方針を社員が実施している会社とそうでない会社の差はいうに及びません。プリマベーラでは、

「社員のベクトルを合わせるための道具」
「成果の出る会社をつくるための道具」

として、経営計画書を位置づけています。

●構成要素は、「方針」「数字」「用語解説」「事業年度計画」

経営計画書は、おもに、

「方針……何を実行するのか」（What）
「諸表（数字）……いくらやるのか」（How much）
「ベクトル用語解説……なぜやるのか」（Why）
「事業年度計画……いつやるのか」（When）

の四つから成り立っています。

経営計画書は、方針書や事業年度計画だけでなく、諸表や用語解説までつくることで、ベクトル合わせがより強固なものになります。

「いくらやるのか」という目標があれば、それに向けて従業員が頑張れます。

「なぜやるのか」がわかれば、実行する確率がさらに上がります。

●成果が出た取り組みを方針化する

プリマベーラでは、成果の出た取り組みを経営計画書に方針化し、方針として明記しています。

【決定サイクルを回し、成果が出たことを方針化する】

・日報革命やチャットワークを通じて、報告が上がってくる。

↓

・上がってきた報告をもとに、方針を決定する。

↓

・マニュアル、チェックリストを利用して方針を実行する。

↓

・方針が守られているか、実行されているかをチェックする。

↓

・実行の成果を検証する。

↓

・検証結果を報告する。

↓

・成果の出た取り組みは方針化して、経営計画書に明記する。

多くの会社は、経営計画書を年に一度しか変更しません。しかし、時代の変化がこれだけ速い現状において、1年も古い方針のまま経営をすることに、私たちは疑問を持ちました。経営会議で決まった方針を、次々と「方針化する」ことによって、成果の出た取り組みが一過性で終わらずに、再現性のあるものになります。

経営計画書をオンライン化すれば、全ての情報を一括管理できる

●経営計画書をオンライン化した理由

プリマベーラの経営計画書は「オンライン経営計画書」です。

かつては紙の手帳でしたが、現在はクラウド上で共有しています。

オンライン経営計画書であれば、社会に大きな変化があった場合、その都度、リアルタイムで経営計画書を書き換えることが可能です。まさに臨機応変「アジャイル」に、軌道修正できます。

コロナ禍では、「マスクの着用はどうするのか」「コロナの感染者がでたらどうする

のか」など、毎日のように方針が変更されていきました。

私たちはオンライン経営計画書でしたので、すぐに方針を変更して全社に方針変更を通達することができました。しかし、これが紙の経営計画書では簡単ではありません。

経営計画書も「最新の状態」のものでなければ、逆に従業員が「悩んでしまう」きっかけになりえます。経営計画書の古い方針を守ればいいのか、経営計画書とは真逆の、口頭ベースで伝えられた新しい方針を守ればいいのかと。

もちろん、紙の経営計画書には「紙の良さ」があります。手元に置いておくとすぐに見られる。気づいたことを書き込める、などがそれに当たります。

オンライン経営計画書には、「紙」の経営計画書にはないメリットがあります。

経営計画書をオンライン化することで、方針書、マニュアル、チェックリスト、用語集を一括管理し「全ての情報の入口を一つにまとめる」ことが可能です。

どちらの経営計画書がいいか迷ったら、最終的には紙かオンラインか「どちらの方が決定サイクルが速く回るか」「どちらの方が成果が出るか」で現場の状況を見ながら

プリマベーラの「オンライン経営計画書」①

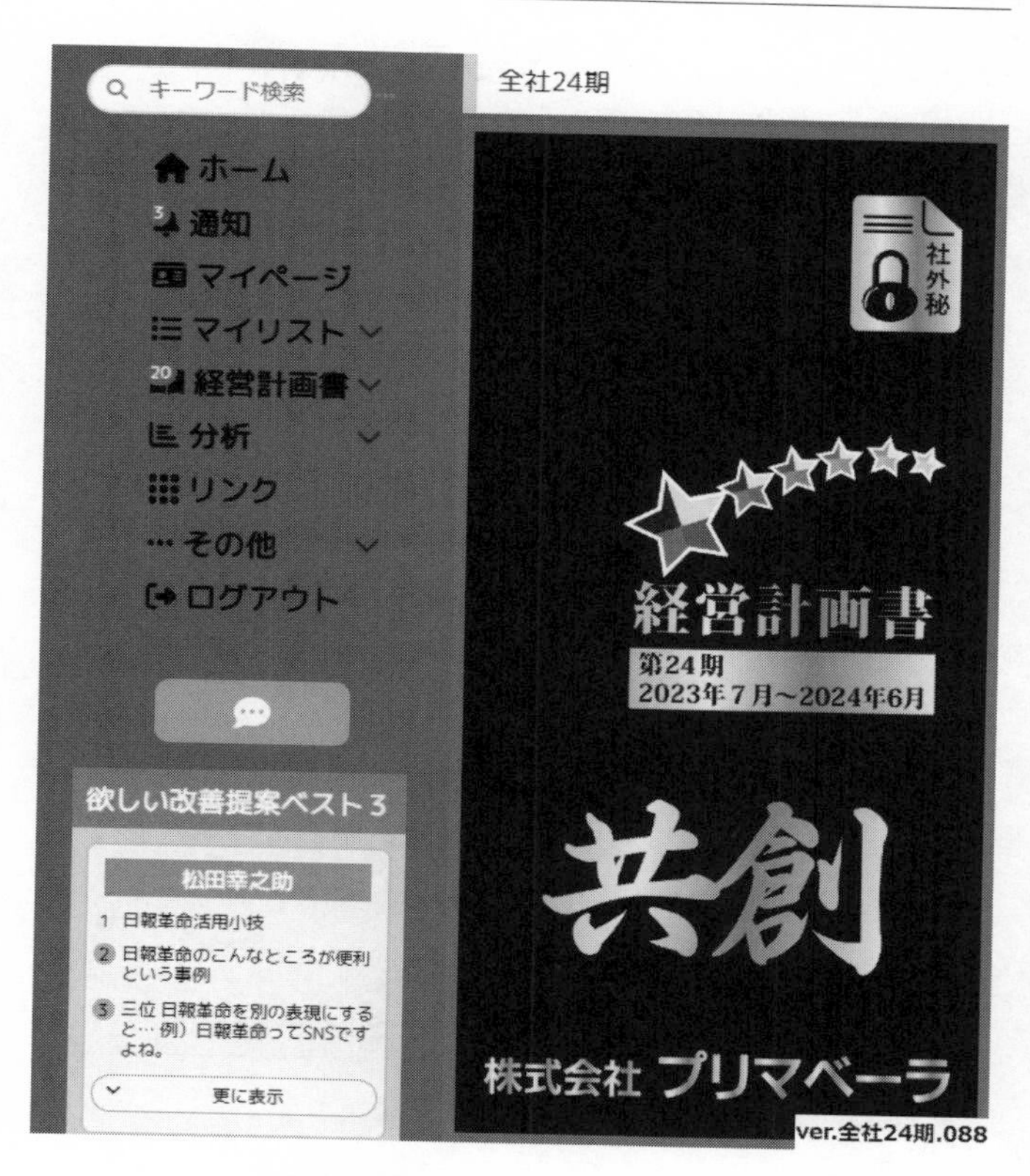

全ての情報を一元化でき、
変化に即応できる仕組み

プリマベーラの「オンライン経営計画書」②

- **コミュニケーションに関する方針（一部抜粋）**

3．言える化

画面上でクリックすると
用語解説がポップアップされます

（1）リーダーに愚痴、
同僚・メンバーに言うのはマイナス評価です。

（2）解決できない悩みは、気軽に社長・事業部長への直ライン、個人IDの直チャット、日報革命のダイレクトメッセージで伝える。

（3）悩みは、組織文化委員に日報革命のダイレクトメッセージ、直チャット、Discord面談で伝える。組織文化委員からの返信は、勤務時間内のみとする。
◆全員面談マニュアル

リンクを押すと
マニュアルが開きます

（4）飛び越し報告、飛び越し命令はどんどん行う。飛び越した人へは配慮する。
★354ザッソウ

リンクを押すと社長による
用語解説動画が流れます

（5）わからないことがあ　　　　　　　　を
する。わからないままにしない。
★410質問責任

4．リーダーとメンバーのコミュニケーション

（1）面談
リーダーは、メンバーとマンツーマンで話ができる場を設定し、2ヶ月に一回、決められた時間の範囲内で面談する。必要に応じてリーダーは別途面談をする。

面談をやらない、怠った場合はC評価とする。
★607伝わってない
◆面談マニュアル

社長が決めるのがいいでしょう。

「経営者の魂」と言われる経営計画書ですら、私たちからしたら「目的」ではなく「手段」です。

私たちの目的は、**経営理念を実現することです。お客様が喜ぶこと、働く従業員の生活の安定と、生きがいを創出すること。これが、私たちの究極の経営目的です。**

だからこそ、もし紙の経営計画書の方が働く従業員の笑顔、お客様の笑顔の総量が増えると思うのであれば、すぐにでも紙の経営計画書に戻します。

昔も今も一貫して「従業員満足度・お客様満足度」を優先しているのです。

●オンライン経営計画書は、変化に即対応するためのツール

プリマベーラでは、２０２０年から「紙」の経営計画書を廃止し、オンラインに移行しました。その結果、

「時代の変化に即対応できる」

「会社の理念を深く共有し、同じ方向を目指して行動できる」

「働く従業員が迷うことなく方針を実施できる」

ようになりました。

変化に即対応して経営を行うためのツールが、オンライン経営計画書なのです。

多くの経営者から、

「経営計画書をせっかく配布しても、ずっと引き出しの中にしまわれている」

「朝礼以外で使っているところを見たことがない」

「びっくりするぐらいきれいな状態で返却される」

という声をいただきます。社長がどれほど考え抜いてつくった「経営計画書」という「戦略」も、現場が使わなければ意味がありません。

経営計画書を中心に「仕組みをつくる」という観点から考えると、私たちは「オンライン経営計画書」がもっとも効果的であると考えます。

東京の羽村市に本社を置き、業務用トランス・リアクトル・制御盤の設計・製造を行う株式会社ＮＩＳＳＹＯの久保寛一社長は、プリマベーラのオンライン経営計画書を利用してから

「もう紙の経営計画書には戻れない」

と述べています。久保社長は、「ありえない町工場」としてＮＩＳＳＹＯを20年で売上10倍にした辣腕社長です。時代の流れを敏感に感じて変化するにはオンライン経営計画書しかありません。

オンライン経営計画書は、21世紀におけるビジネスにとって不可欠なものです。

近年、環境問題がますます深刻化している中、企業は自らの社会的責任を果たすため、環境保全に貢献する取り組みを積極的に行う必要があります。

その一環として、オンライン経営計画書によるペーパーレス化は、大きな意義を持っています。ペーパーレス化により、紙の使用量を大幅に削減し、森林伐採や環境破壊を防止できるからです。

また、オンライン経営計画書を使用することで、ビジネスプロセスの効率化やコスト削減が実現できます。

●経営計画書をオンライン化し、方針やルールを常に刷新展開

2022年度「関西経営品質賞（ゴールド）」を受賞した「株式会社ケーイーシー」（小椋義則会長、年商34億円）では、現在、仕組み化経営に注力しています。奈良県の学習塾でトップシェアを誇る会社です。フランチャイズを含めると全国に500教室以上を展開しています。

業務の仕組み化を図ることで

「仕事が属人化せず、共通の認識が持て、業務のノウハウが共有できる。仕組み化を目指すことで、現状の課題を洗い出し、会社全体の業務の流れを見直すことができた」

と、小椋会長は仕組み化のメリットを述べています。

「情報の洪水やツールカオスな現状を打破したく、いつも二歩も三歩も先を疾走されているプリマベーラさんの仕組みからヒントをいただけないかと思い、仕組み化経営を導入しています。

弊社では、毎年作成する事業部戦略書が絵に描いた餅になっていました。ありたい姿を描き目標達成に向けた戦略を立てたものの、その戦略の実行状況や達成率が可視化されておらず、事業部戦略書がつくったまま置き去りになっている状態だったのです。

現在は、経営計画書をオンライン化し、社内の方針やルールを常に刷新展開できるようにしています。経営計画書の読み合わせがしやすいようにカレンダーにリンクをつけて習慣化し、チームミーティングでの読み合わせを徹底することで、ルールの浸透・文化の醸成を図ることができています。

経営計画書には、マニュアルや手順書をリンクで添付するようにしました。**従来の手帳だと書ききれなかった『Ｈｏｗ ｔｏ』を連動させている**ので、**マニュアルとしても使用できます**。文章だけではわかりにくい操作については、動画を作成し共有しています。オンラインであれば、最新の情報に書き替えることも容易なので、情報の鮮度を保てるようになりました。

プリマベーラさんに教えていただいた仕組み化経営を全て実践できているわけではありませんが、日々邁進しているところです」（小椋義則会長）

第７章のポイント

- 経営計画書は、方針書と事業年度計画だけでなく、諸表編や用語解説を加えることで、より価値観が強固になる。
- 経営計画書をオンライン化することで、方針を瞬時に変更できる。
- 経営理念を実現することが、究極の経営目的。
- 経営計画書をオンラインにすると、マニュアルがリンクで紐付き、従業員の実行確率がさらに上がる。

コラム

経営計画書は仕組み化の総本山

執筆：吉川充秀

経営計画書の方針をつくることで社長の「コンセプチュアルスキル」が磨かれる

2人以上の組織で働くようになると、問題が起こります。「この問題はこうすべきなんじゃないの?」「それは、やっちゃまずいでしょ」こんな**意見の相違から、プリマベーラでも「辞めます」と言って、かつては何人も辞めていきました。**組織で働く以上、ルールが必要になってきます。そのルールブックが経営計画書です。言うなれば、会社の憲法のようなものです。

プリマベーラでは、2008年に武蔵野さんに入会をして4カ月後に、見よう見まねで、はじめての経営計画書をつくりました。

私は「経営計画書オタク」です。それ以来、他の会社の社長さんと会って、経営計画書を持っていたら、「ちょっと見せてもらっていいですか？」と言って拝見して、「お、これはいい！」と思ったら許可を取り、片っ端からパクります（笑）。**他社の経営計画書からだけでなく、日常の仕事で気づいたこと、ゴミ拾いをしながらひらめいたことも取り入れながら、経営計画書を磨き続け、15年前の経営計画書とは「天と地ほどの差のある」経営計画書に生まれ変わりました。**

経営計画書の方針は、「大まかな方針」です。なので、**経営計画書の方針をつくるということは、経営者が思っていることを言語化し、概念化することにつながります。概念化能力と言われるコンセプチュアルスキルを磨くことができます。**「プリマベーラはマネをします」という方針よりも、「プリマベーラは弱者の戦略であるドラッカーの8戦略のうちの創造的模倣戦略をとります」と言ったほうが、経営者の頭の中も、従業員さんの頭の中も整頓されます。

経営計画書の方針をつくることで、自分の経営に対する考えを言語化して、概念化し、体系化していくことができるわけです。体系化するということは、自分自身の頭

の中に棚をつくることに他なりません。

紙の経営計画書をやめてみる

多くの企業は、経営計画書を書き換えるのは年に一度です。私たちは違います。**毎日のように書き換えています。毎日です**（笑）。毎年6月決算なので、7月10日前後に経営計画発表会を開催して、新しい経営計画書を従業員さんにお披露目します。経営計画書を紙でつくっている会社は、印刷しなおして新しい経営計画書にするのは1年後です。どうしても変えたい箇所がある場合は、その部分だけ印刷して、全従業員の経営計画書に上からノリで貼り付けるというムダな作業を、私たちもしていたことがありますが、実に面倒な作業です。何しろ、言い出しっぺの私自身が、ノリ付けしないくらいですから（苦笑）。**４００人の従業員さんの紙の経営計画書の方針を変えることが、いかに困難なことかわかります。**

ペーパーレスがこれだけ騒がれているのに、経営計画書だけは未だに紙のまま。**業**

務のマニュアルも、お客様や取引先さんとのやりとりも全部オンラインなのに、経営計画書だけは紙のまま。これでは、経営計画書だけが時代に取り残されるという本末転倒なことになります。仕組み化の総本山、扇の要である経営計画書が取り残されるということは、「時代遅れの方針でよい」ということを容認していることに他なりません。

そこで、私たちは2020年から、思い切って紙の経営計画書をやめてオンライン経営計画書一本にしました。10年以上、紙の経営計画書を使ってきたので、社内の抵抗を予想していましたが、その不安は杞憂に終わりました。経営計画書をデジタルに変えて数カ月した頃、従業員さんにGoogleフォームで、アンケートを取りました。**全330人中「昔のように紙のほうがよかった」と言った従業員さんは、デジタルに暗い年配の従業員さんのたった2名。実に328名は「オンラインで十分、むしろオンラインのほうがいい」と判断した**わけです。

戦略、戦術、戦闘を一気通貫でつなげる

なぜここまで、私が経営計画書をオンラインにすることにこだわったかというと、**私が考える仕組み化とは、戦略と戦術と戦闘が一本の線でつながっていること**だからです。私の知り合いの社長が、こんなことを言ったことがあります。「経営計画書は、頻繁に方針を変えるものではない。経営計画書にマニュアルを載せたかったら、それは業務規程書を別でつくって、そちらに載せるべきだ」と。一見、正論のように見えますが、こと、情報の管理原則からいうと、疑問が残ります。

情報を整理・整頓する場合に大切なのは、ワンポケット原則です。情報は一カ所に集めるほど管理が楽になります。経営計画書が紙で存在して、業務規程書がまた別に紙で存在して、二冊が従業員さんに配られている一方、日々使っている業務のマニュアルはオンラインだったらどうでしょう？　**全てをシームレスに同期するのは事実上不可能**ですね。

経営計画書は戦略です。何をやるかが書いてあります。業務規程書やマニュアルは戦術です。やり方が書いてあります。日々の現場の従業員さんの日常行動が戦闘です。オンラインのマニュアルや現場の仕事は日々ブラッシュアップされて変更されていくのに、紙の経営計画書と紙の業務規程書は置いてけぼりです。つまり、**紙は「時代に取り残されやすい」**のです。しかも**経営計画書と業務規程書を別でつくることで、文言を修正しようとしたら、二倍の手間がかかります。しかも全員分の文言を変えようものなら、数十倍、数百倍の手間を強います。**

中小企業は、市場環境や時代にキャッチアップして、しがみつくようにして存続・発展を目指します。中小企業は、経営資本が小さいからこそ、**変化を起こすのではなく、変化についていく経営をすることが大切です。**であれば、**より市場や経済環境にアジャイルに、臨機応変に対応できる仕組みを社内に整える必要があります。仕組み化の中心である扇の要の経営計画書こそ、臨機応変に書き換えられるべきだと思うのですが、いかがでしょうか？**

お飾りだった経営計画書が、従業員が使い倒す道具に！

オンライン経営計画書にすれば、先ほどの問題は全て解決します。

情報は一カ所に集める。どこに集めるのか？　経営計画書に集めるのです。経営計画書は戦略ですから、概念的なことが基本的に書いてあります。だからこそ、**そこにプリマベーラで膨大につくった、具体的な戦術である、各方針に関連するマニュアルやチェックリストのリンクを貼り付けます。**

さらに、**経営計画書の文言は概念化してあるからこそ、わかりづらく誤解されることがあります。**オンライン経営計画書なら、**スマホをワンタップすると、社内で使っている用語の意味がポップアップで出てきます。**経営計画書に「ドミナント戦略をとる」なんて書いてあっても、現場のアルバイトさんは、何のこっちゃわかりません。「あるエリアに集中的にお店を出店することで、圧倒的なシェアをとることです」とポップアップされれば、「ああそういうことか。だから利根書店は2・5キロしか離れてないところにも出店してるのかあ。納得！」となるわけです。経営計画書の理解もぐんぐん進みます。しかも、**社長が説明しなくても、自動に、です！　仕組み化の最高のものは、何を隠そう、この「自動化」なのです。**

プリマベーラもかつては、紙の経営計画書を配布すると、お店の従業員さんは朝の朝礼で読んだあとはロッカーに入れっぱなし。経営計画書の方針に「経営計画書は、常時携帯しボロボロになるまで使い倒すこと」と書いてありますが、悲しいかな、**朝礼の時間以外は、現実はロッカーの中で眠り続けるのです**（苦笑）。

ところが、今ではどうでしょう？　**店舗での仕事中にパソコンを開くと、メールやチャットワークなど日常業務で使うアプリだけでなく、オンライン経営計画書も同時に開きます。朝フォルダを模したパソコンのブックマークの「常時毎日フォルダ」に入っています。**なぜなら、**経営計画書には戦略だけでなく、具体的戦術や、現場の従業員さんがほしいマニュアルのリンクが多数貼られているからです。**自分たちの日常業務に使うマニュアルが、キレイに方針ごとにリンクが貼られているから探しやすいのです。もちろん**検索機能を使えば、一発で見つけることもできます。**

経営計画書を「神聖なもの」としてお飾りにしたいのか、それとも経営計画書を道具として使い倒すのか、どちらが成果が出るでしょうか？

私は経営計画書を神聖なものとは、つゆも思っていません。**神聖なのは、お客様に喜ばれて、成果を出して従業員さんの年収が上がり、生きがいのある仕事ができることではないでしょうか。経営理念の実現こそが神聖な経営の目的です。そのためには、経営計画書を徹底して、「従業員さんが使いたくなる道具」として使い倒してもらう。**

私はそう考えています。

おわりに

松田幸之助

吉川から学び、吸収し、数々の仕組みを創り上げた結果、株式会社プリマベーラは、24期連続増収、14期連続増収増益、12期連続過去最高益を達成し、49億円企業にまで成長することができました。

そして、本書では15年かけて創り上げてきた「成果の出るヤバい仕組み」を惜しげもなく公開させていただきました。

もしかしたら、本書を読まれた方は、プリマベーラは「成果にコミット」した「仕組み」で少し息苦しそうと感じられたかもしれませんが、そんなことはありません。

吉川は「成果」にコミットしながらも「生きがいや働きがい」という「しあわせ」

を何より重視しています。プリマベーラは成果と幸せを両立する経営を目指しているのです。

ページの都合上お伝えできないのが残念ですが、吉川の幸せの考え方は吉川の著書『ゴミ拾いをすると、人生に魔法がかかるかも♪』で紹介されていますので、ぜひご一読ください。

本書でご紹介させていただいた、決定サイクルやさまざまな仕組みは「プリマベーラのバックヤードツアー」にて、実際に弊社の現実・現場でご覧いただくことが可能です。

一般的な会社見学やバックヤードツアーでは「パソコンの中身」を見ることはできないことが多いのですが、プリマベーラのバックヤードツアーでは「パソコンの中身」までフルオープンにしています。

マニュアルや、チェックリスト、Google ワークスペースの使い方、チャットワークの使い方など実際のパソコンの中身をご覧いただき、仕組みづくりの参考にしていただければ幸いです。

また、公式LINEでは「仕組み化経営」を無料で学べるコンテンツを数多く準備しております。

ぜひご登録してプレゼントをお受け取りください。

本書をご覧いただだいた皆様にお会いできる日を、心より楽しみにしております。

仕組み化経営コンサルタント　松田幸之助

プリマベーラの「ヤバい仕組み化」に関するご案内

■プリマベーラの
ヤバい仕組み化を実際に
見学したい方は

プリマベーラの
バックヤードツアー

成果の出る
ヤバい仕組みを
パソコンの中身
まで全公開！

■プリマベーラの
ヤバい仕組みを
もっと気軽に学びたい方は

プリマベーラの
仕組み化会員制度

ヤバい仕組みを
100 種類を
超える動画で
手軽に学べる！

■ヤバい仕組みを
セミナー DVD で
学びたい方は

成果の出るセミナー
DVD シリーズ

環境整備の
仕組みから
会議の仕組みまで
幅広く販売中

■仕組みが色々ありすぎて
悩んでしまう…。
そんな方は

仕組み化無料相談会

担当コンサルタントが
御社にとって
最適な仕組みづくりを
ご提案

■成果につながる
日報活用に
興味がある方は

日報革命無料相談会

日報革命を利用して
成果に繋がっている
企業様の事例も
ご紹介

■紙の経営計画書から
オンライン経営計画書に
変えたい方は

オンライン経営計画書
無料体験セミナー

オンライン経営計画書
を実際に触って、
動かして
体感できます！

「プリマベーラ経営サポート」で 検索

プリマベーラ経営サポートの
公式LINE登録で
7つのスペシャル特典をプレゼント

特典01

ゼロから始める仕組み化経営の始め方スタートセミナー

仕組みで成果をつくるための最初の一歩。
属人的経営を脱却し生産性の高い組織づくりにお役立てください。

特典02

はじめての経営計画書作成セミナー

経営計画書をはじめてつくる人に向けたセミナー映像です。
ご自身でつくるためのノウハウが分かります。

特典03

14期連続増収増益を達成した成果の出る経営計画書抜粋編

衰退産業でも利益を出し続ける会社の経営計画書を限定公開。
成果を出す仕組みの方針の数々をご覧ください。

特典04

成果の出る物的環境整備点検の始め方セミナー

業務効率化をしたい方に鉄板の物的環境整備の始め方を解説。
社員の動きを変えるヒントが見つかります。

特典05

今日から使える成果の出る物的環境整備スタートパック

環境整備を今すぐ始めたい会社向けのスタートパック。
自分たちでつくるより、はるかにショートカットできます。

特典06

成果につながるマニュアルの作り方解説マニュアル

この特典を使えば業務品質の均一化が可能になります。
自社の顧客に提供するサービスの質が改善されます。

特典07

お楽しみシークレットプレゼント

仕組み化経営を実践するためのシークレット特典をご用意しています。
中身を確認してお役立てください。

7大特典を今すぐ受け取る ➡

著　者

松田幸之助（まつだ・こうのすけ）

株式会社プリマベーラ経営サポート事業部社長執行役、兼CCO（Chief Consulting Officer：最高コンサルティング責任者）。
1989年生まれ。家庭が貧しく、浦安南高等学校を授業料が払えず中退。その後アルバイトから、年商49億円企業のトップコンサルタントに上り詰める。延べ10,000名以上の社長、幹部に経営指導を行い、業績アップを実現。経営者・幹部目線でのアドバイスはわかりやすく、実践しやすいと高く評価されている。指導先には日本経営品質賞を受賞するトップ企業も含まれる。

編著者

吉川充秀（よしかわ・みつひで）

株式会社プリマベーラの創業者。現取締役会長、兼CGO（Chief Gomihiroi Officer：最高ゴミ拾い責任者）。
1973年、群馬県生まれ。横浜国立大学卒業後、地元のスーパーに入社。24歳でビデオショップを開業し、26歳で高額納税者に。2008年、株式会社武蔵野の小山昇氏の実践経営塾に入会。先輩社長から「スピード違反」と言われながらも、爆速で経営の仕組み化を進め、入会後1年2ヶ月という史上最速で改善事例発表企業に選出される。以降、経営計画のチェック講師を10年間歴任し、延べ2,000人の社長の経営計画を指導。2022年、小山昇氏が認定する、受講料176万円の実践経営塾の講師の7人のうちの一人に選ばれる。2023年に代表取締役を退任し、現職。2023年11月現在、プリマベーラは従業員数400名、4事業部17業態51店舗を展開し、グループ年商49億円。14期連続増収増益を更新中。ライフワークはゴミ拾いであり「ゴミ拾い仙人」としてメディア出演、講演活動多数。著書に『ゴミ拾いをすると、人生に魔法がかかるかも♪』（あさ出版）。

ヤバい仕組み化

〈検印省略〉

2023年　11　月　26　日　第　1　刷発行
2024年　1　月　28　日　第　3　刷発行

著　者——松田　幸之助（まつだ・こうのすけ）
編著者——吉川　充秀（よしかわ・みつひで）
発行者——田賀井　弘毅

発行所——株式会社あさ出版

〒171-0022　東京都豊島区南池袋2-9-9 第一池袋ホワイトビル 6F
電　話　03（3983）3225（販売）
　　　　03（3983）3227（編集）
FAX　03（3983）3226
URL　http://www.asa21.com/
E-mail　info@asa21.com

印刷・製本　文唱堂印刷株式会社

note　https://note.com/asapublishing/
facebook　http://www.facebook.com/asapublishing
X　http://twitter.com/asapublishing

©Primavera Co., Ltd. 2023 Printed in Japan
ISBN978-4-86667-500-8 C2034

本書を無断で複写複製（電子化を含む）することは、著作権法上の例外を除き、禁じられています。
また、本書を代行業者等の第三者に依頼してスキャンやデジタル化することは、たとえ個人や家庭内の利用であっても一切認められていません。乱丁本・落丁本はお取替え致します。

好 評 既 刊

ゴミ拾いをすると、人生に魔法がかかるかも♪

吉川充秀 著

定価 1,818 円⑩